HISTORIETAS EN ESPAÑOL

By John H. Milor

National Textbook Company

NTC a division of *NTC Publishing Group* • Lincolnwood, Illinois USA

1995 Printing

Published by National Textbook Company, a division of NTC Publishing Group.
© 1986, 1977 by NTC Publishing Group, 4255 West Touhy Avenue,
Lincolnwood (Chicago), Illinois 60646-1975 U.S.A.

4 5 6 7 8 9 0 ML 9 8 7 6 5

Preface

Historietas en español is written especially for you students who have learned enough Spanish to read for enjoyment. Most of the stories are about boys and girls your own age who live in Mexico or the United States. Some of the stories are imaginary like "Rascacielos y Avión." Some stories will make you laugh, like "Papá en la rueda de la fortuna" and others will remind you of things that may have happened to you, such as "Un susto en el mercado."

The words of the story are easy to understand, but you may need to look at the notes in the margin if there are some you don't know. If the words aren't defined in the margin, you can find them in the Vocabulary in the back of the book. Be sure you know the words of one story before you go on to the next.

After each story you will find a little test to help you discover how well you understood the story. Some of the questions are multiple-choice, some are true and false, and others are fill-in-the-blanks. Each test has 15 items. But if you pay attention to the story and learn the words well, they should all be very easy for you.

Happy reading!

Agradecimientos

Deseo expresar mis más profundos agradecimientos a ciertos colegas y amigos míos. El doctor Ernesto García, catedrático de la University of Redlands y socio mío por muchos años en las escuelas de Rialto, la señora Fernanda Cruz, consultora general en educación del Rialto Unified School District, el profesor Roger Antón, catedrático de español de San Bernardino Valley College, el señor Charles H. Herbert, Jr., coordinator de lenguas extranjeras de la Office of the San Bernardino County Superintendent of Schools, y la señora Patricia H. Cabrera, directora del proyecto para maestros de inglés como segunda lengua de la University of Southern California, me han dado consejos inestimables al escribir esta obra. Mi buen amigo de muchos años, el señor Miguel J. Ciriza, ex-inspector de escuelas rurales de la República Mexicana y ciudadano eminente de esta comarca, ha leído muchos de mis cuentos y ha sugerido enmiendas apropriadas. Me es grato tambien mencionar la ayuda que me han proporcionado mis amigos, el señor Antonio J. Flores y su esposa doña Eva, cuya sabiduría de la gramática "honda y natural" de español me ha guardado de extraviarme de la senda de la corrección. Además, el profesor Emilio Ramos Cruz, hasta muy recientemente inspector federal de la Primera Zona Escolar en la ciudad de Mexicali, Baja California, me ha dado consejos muy acertados en hacer auténtico y correcto el lenguaje de estas historietas. También tuve consejos de mucho valor del señor Roberto G. Carrillo, residente de la cercana ciudad de Colton y buen estudiante del español. La última que quisiera mencionar es la señora Iris James, mi secretaria durante el tiempo en que yo iba escribiendo esta obra. Durante esos meses ella escribió en máquina estas historias, cuento por cuento, con todo esmero.

To my devoted wife, Luella

Indíce de cuentos

La pelota

José va a la Escuela Jorge Washington. Juega a la pelota con sus amigos. Juegan y juegan y juegan. Muchos niños juegan a la pelota, y niñas también. Corren alrededor de la escuela. El maestro viene a jugar con ellos. Los niños y el maestro juegan a la pelota.

Después de jugar por mucho tiempo, José está muy cansado y se va a casa. Su madre está allí. Su padre está allí también. Su hermana no está en casa. Ella está con su amiga en la casa de la amiga. La hermana de José no juega a la pelota. El padre juega algunas veces a la pelota con José.

Cuando José llega a casa, se acuesta porque está muy cansado. José se duerme. Pronto ve una pelota. Juega con la pelota. La pelota corre como un niño. La pelota va a la escuela. José corre hacia la escuela. El maestro está en la escuela. La pelota entra en la escuela y le pega al maestro en la cara. Luego la pelota sale de la escuela y corre, corre, corre. El maestro corre también. La pelota ya está lejos de la escuela. José y el maestro corren por la pelota.

juega a la pelota: plays ball

alrededor de: around

después de jugar: after playing
a jugar: to play

cansado: tired
se va: goes

a casa: home
en casa: at home

se acuesta: he goes to bed

se duerme: goes to sleep

le pega al maestro: hits the teacher
sale de: leaves

le pega a José: hits José

9

La pelota va a la casa de José. José corre a su casa. El maestro no corre con José a su casa. La pelota entra en la casa, y José también entra en la casa. La pelota le pega a José en la cara. José se cae en la cama.

José se despierta. No es una pelota que le pega a José. Es el perro de José. La pelota está en la escuela. Es el perro que está en la casa. José está en la casa en su cama. El perro lame la cara de José.

le pega a José: hits José

se cae: falls

se despierta: wakes up

lame: licks

Directions: Take a sheet of notebook paper and number the lines from 1 to 15. Then write the answers to the following test items after the appropriate number.

Multiple-choice. Put the letter of the true sentence on the line after the number of the item:

1. a. José va a la Escuela Marta Washington.
   b. José va a una escuela en una casa.
   c. La Escuela Jorge Washington es la escuela de José.
   d. José no va a la escuela.

2. a. Un niño juega a la pelota.
   b. Un niño lame la cara de un perro.
   c. Una amiga de José le pega al maestro en la cara.
   d. El padre de José le pega al maestro.

3. a. Las niñas corren alrededor de la escuela.
   b. Un perro entra en la escuela con el maestro.
   c. Los niños de la escuela juegan con el perro.
   d. Un perro es el maestro de la escuela.

4. a. La madre de un niño viene a jugar a la pelota con las niñas de la escuela.
   b. El maestro viene a jugar a la pelota con los niños.
   c. La hermana de José juega a la pelota con su amiga.
   d. José juega a la pelota con Jorge Washington.

True-false. Put down a T if the sentence is true and an F if false.

5. La amiga de la hermana de José está en la escuela con el maestro.

6. La hermana de José está en la casa de su amiga.

7. Cuando el maestro llega a la casa de José, juega con el perro.

8. Cuando José se duerme, ve la pelota que corre como un niño.

9. La pelota va a la casa del maestro.

10. El perro lame la cara de José.

11. Los padres de José están en la escuela.

Completion. Fill in the blanks with the words that make the sentences correct.

12. José está cansado porque juega y _____.

13. El niño está en la casa. Se duerme en su _____.

14. José se duerme. La pelota le pega al maestro y _____.

15. El niño se despierta. La _____ no está en la casa.   **11**

Pedro y su amigo, el burro

Pedro vive en un rancho. Su familia tiene un burro. Pedro y el burro son buenos amigos. Juegan mucho en el rancho. Muchas veces van al pueblo con el padre de Pedro. En el rancho tienen maíz. Venden el maíz en el pueblo. El burro lleva el maíz desde el rancho hasta el pueblo.

muchas veces: many times, often

maíz: maize, corn

hasta el pueblo: into town

Un día Pedro, su padre, y el burro van al pueblo. El burro lleva el maíz. Pedro y su padre van a pie. Pedro ve algo blanco en el camino. Corre a verlo. No ve un auto que viene. El auto choca con él. Su padre corre hasta donde está Pedro. Su padre lo pone sobre el burro. Lo lleva al hospital en el pueblo. Allí lo ponen en una cama.

a pie: on foot

choca con: collides with, hits

El burro está frente al hospital. Está muy triste. Su amigo Pedro ya no juega con él. Pedro está en el hospital. El padre de Pedro también está triste. No tiene dinero con que pagar el hospital.

frente al: in front of the

ya no: no longer

Un hombre rico quiere comprar el burro. El padre de Pedro se lo vende. Ahora tiene el dinero con que pagar el hospital. El hombre rico se lleva el burro a su casa. Pero el burro está triste y no quiere hacer nada. Algunos días más tarde, el hombre rico quiere ir al pueblo

se lleva: takes

nada: (nothing), anything

montado en el burro. Frente al hospital, el burro se para. Sabe que Pedro está en el hospital, y no quiere moverse. El hombre rico le tuerce la cola, pero el burro no se mueve.

Pedro sale del hospital. Ya está bien. Pedro ve al burro y está muy contento. El burro está muy contento también. El hombre rico es bueno. Le da el burro a Pedro. Todos están contentos. El hombre rico va a su casa, y Pedro va a la suya con su amigo, el burro.

montado en: mounted on, riding

se para: stops

le tuerce la cola: twists his tail

no se mueve: does not move

sale del: leaves the

a la suya: to his

Directions: Take a sheet of notebook paper and number the lines from 1 to 15. Then write the answers to the following test items each after its appropriate number.

Multiple-choice. Put the letter of the true sentence on the line after the number of the item.

1. a. Pedro vive en una escuela.
   b. Pedro vive en un rancho.
   c. El niño Pedro vive en una cama.
   d. El auto en que Pedro vive está en el rancho.
2. a. Pedro quiere comprar un burro.
   b. La familia de Pedro no tiene un burro.
   c. El burro es hombre.
   d. El burro vive con la familia de Pedro.
3. a. El burro vende maíz en el pueblo.
   b. El padre de Pedro vende maíz en el pueblo.
   c. Pedro vende el auto de su padre en el pueblo.
   d. El padre de Pedro le vende el hospital al hombre rico.
4. a. El padre de Pedro ve algo blanco en el camino.
   b. El burro va al pueblo en un auto.
   c. El auto choca con Pedro.
   d. Pedro va a pie al hospital.

True-false. Put down a T if the sentence is true or an F if false.

5. El padre de Pedro lo pone sobre el burro y lo lleva al hospital.
6. La madre de Pedro no va al hospital con el dinero.
7. El burro está en una cama en el hospital.
8. Porque un hombre compra el burro, el padre de Pedro tiene el dinero con que pagar el hospital.
9. Pedro y el burro no son amigos.
10. Cuando Pedro está en una cama, el burro está en la escuela.
11. El burro está contento porque Pedro está mejor.

Completion. Fill in the blanks with the words that make the sentences correct.

12. El hombre que compra el burro tiene una casa donde _____.
13. Después de tener el dinero, el padre de Pedro no es _____.
14. El hombre que compra el burro _____ lo lleva a su casa.
15. Cuando está montado en el burro, el hombre rico _____ para frente al hospital.

Una conversación por radio de onda corta

El señor McRae tiene una radio de onda corta. Cuando llama sus letras de identificación sobre el radio este día, se encuentra con un hombre que parece hablar español. El señor McRae llama a su hija, Linda.

el señor McRae: Mr. McRae

se encuentra con: he happens onto
parece hablar: seems to be speaking
llama a su hija: calls his daughter
buenos días: good morning

—Here, talk to this man, Linda. I think he is talking Spanish.

—Buenos días, señor.

—Buenos días. Habla Enrique Palmares de Parral, del estado de Chihuahua en México. ¿Con quién tengo el placer de hablar?

—Me llamo Linda McRae. Tengo diez años y estudio el español en la escuela. Mi padre no habla español. ¡Un momentito, por favor! Daddy, it's a man down in Mexico. What do you want me to say to him?

me llamo: I am called, my name is
tengo diez años: I am ten years old
un momentito: just a minute
saludarle: to greet you

—Tell him hello and say that I am sorry I don't speak Spanish.

—Mi padre quiere saludarle, y dice que siente mucho no hablar español.

—También yo. Siento mucho no hablar inglés.

—What else do you want me to say to him, Daddy?

—Anything you want to.

—Pues, Sr. Palmares, ¿tiene usted hijos?

—Sí, niña. Cinco. Tengo tres hijos y dos hijas.

—¿Cuántos años tienen las niñas?

—Pues, una tiene diez años y la otra tiene solamente dos años.

—¿Me permite hablar con la niña que tiene diez años?

—¡Cómo no! No está en la casa. Su madre va a llamarla.

—Daddy, they're getting their ten-year-old daughter so that I can talk with her.

—How nice!

—Here she is! Habla Linda McRae. Tengo diez años y estoy en el quinto año de la escuela. ¿Cómo se llama usted?

—Rosario Palmares. También estoy en el quinto año.

—Dígame algo de su escuela, Rosario. ¿Tiene usted profesor o profesora?

—Tengo profesora. Los niños tienen profesor.

—¿Qué significa eso? ¿No hay niños y niñas en las mismas clases?

—No, los niños están en una clase y las niñas en otra.

—Es interesante eso. Aquí estamos los dos en la misma clase.

—Linda, I'm afraid your time is running out. You will have to talk more another day. Say goodbye, please.

—Rosario, lo siento, pero mi padre dice que no podemos hablar más hoy. Vamos a llamarla otro día.

—¡Ojalá!

—Hasta luego.

—Hasta luego.

¿Cuántos años tienen?: How old are they?

¡Cómo no!: Why, certainly.
llamarla: to call her

¿Cómo se llama usted?: What is your name?

hasta luego: goodbye, see you later

Directions: Take a sheet of notebook paper and number the lines from 1 to 15. Then write the answers to the following test items each after its appropriate number.

Multiple-choice. Put the letter of the true sentence on the line after the number of the item:

1. a. El señor McRae habla por radio de onda corta con un hombre de Tijuana.
   b. El hombre que habla con el señor McRae es de Parral.
   c. El señor McRae no habla inglés.
   d. El señor Palmares no habla español.

2. a. El hombre en México va a llamar a su hija.
   b. La madre de la niña va a llamarla.
   c. El señor McRae llama a su hija que está en México.
   d. En señor Palmares llama a Linda McRae.

3. a. La niña en México habla con el señor McRae.
   b. La hija de un hombre de un pueblo en California habla con la madre de Linda.
   c. La hermana del señor McRae habla con el señor en México.
   d. La hija del señor McRae habla sobre la radio de onda corta.

4. a. Linda McRae tiene cinco años.
   b. Rosario Palmares tiene diez años.
   c. Rosario Palmares tiene dos hermanos.
   d. Linda McRae habla con un hermano de Rosario.

True-false. Put down a T if the sentence is true or an F if false.

5. Linda le dice al señor en México: —Estoy en Chihuahua.

6. Linda le dice a la niña Rosario: —Estoy en el quinto año de la escuela.

7. Rosario le dice al señor McRae: —No estudio el español.

8. La familia Palmares tiene dos hijas y tres hijos.

9. El señor McRae dice que siente mucho no hablar español.

10. Rosario también está en el quinto año.

11. Linda no va a llamar a la familia Palmares.

Completion. Fill in the blanks with the words that make the sentences correct.

12. Rosario habla con una niña de _____ años.

13. Los _____ del quinto año en México tienen profesor.

14. En México todos los niños en la escuela hablan _____.

15. En México cuando dicen "goodbye", muchas veces dicen _____ _____.

Rascacielos y Avión

En Los Angeles hay un edificio muy alto. Los otros edificios no son tan altos. Estos edificios llaman "Rascacielos" al edificio alto, porque rasca el cielo. Rascacielos no es amigo de los otros edificios. Rascacielos cree que él es el mejor porque es el más alto.

En el cielo alrededor de Rascacielos hay un aeroplano que cree que él es el mejor. Se llama Avión. Va y viene alrededor de Rascacielos. Algunas veces casi choca con Rascacielos.

—¿Quién es usted? —pregunta Rascacielos.— Este es mi lugar. Usted va y viene. Yo tengo mi lugar aquí. Este no es su lugar.

—¿Y quién es usted? —responde Avión.— El cielo es mi lugar. Estoy en el cielo.

Avión pasa muy cerca de Rascacielos.

Durante la conversación, los otros edificios miran a Rascacielos y a Avión y están muy contentos porque Avión habla así a Rascacielos. Rascacielos no es amigo de los otros edificios.

—Si viene cerca de mi —dice a Avión— va a chocar conmigo. En-

edificio: building
rascacielos: skyscraper
rasca: he scrapes
cielo: sky
cree: believes
el mejor: the best
el más alto: the highest
avión: airplane
casi: almost
choca: crash
pregunta: asks
Este = éste: this
lugar: place
responde: answers
cerca de: near
miran: look at
contentos: happy
entonces: then

tonces va usted a caer al suelo. Yo estoy permanente, pero usted va a caer al suelo.

—Si chocamos —responde Avión— usted también va a caer al suelo.

—No, señor. Estoy permanente.

—No más que yo. Mi lugar es el cielo. Estoy permanente en él.

En este momento el motor del aeroplano se para, y Avión cae al suelo. Rascacielos lo mira, muy contento. Y pregunta:

—¿Quién está permanente en el cielo?

En el momento en que dice esto, hay un terremoto grande y Rascacielos también cae al suelo.

Y los otros edificios, muy tristes, dicen:

—¡Parece que nada está permanente en el cielo!

suelo: ground

no más que yo: no more than I

terremoto: earthquake
grande: big

Directions: Take a sheet of notebook paper and number the lines from 1 to 15. Then write the answers to the following test items each after its appropriate number.

Multiple-choice. Put the letter of the true sentence on the line after the number of the item:

1. a. El cuento (story) habla de un edificio alto en San Francisco.
   b. El cuento habla de un edificio alto en Las Vegas.
   c. El cuento habla de un edificio alto en Los Angeles.
   d. El cuento habla de un edificio alto en Los Alamos.

2. a. Rascacielos cree que él es el mejor.
   b. Los otros edificios se caen al suelo.
   c. Avión es un edificio alto.
   d. Los otros edificios son más altos que Rascacielos.

3. a. Durante la conversación el padre está muy contento.
   b. Los otros edificios están muy contentos durante la conversación.
   c. El burro, amigo de Rascacielos, está muy contento durante la conversación.
   d. Avión está muy triste durante la conversación.

4. a. El burro cae al suelo desde el edificio alto.
   b. El hospital cae al suelo.
   c. Rascacielos no está permanente en el cielo porque cae al suelo.
   d. El terremoto cae al suelo desde el cielo.

True-false. Put down a T if the sentence is true and an F if false.

5. Los otros edificios llaman "Rascacielos" al edificio alto.

6. Algunas veces Avión casi choca con Rascacielos.

7. Avión va y viene alrededor de Rascacielos.

8. Avión no cae al suelo.

9. Rascacielos cae al suelo porque hay un terremoto.

10. Todo está permanente en el cielo.

11. Los otros edificios son más altos que Rascacielos.

Completion. Fill in the blanks with the words that make the sentences correct.

12. Rascacielos y Avión dicen que están _____ en el cielo.

13. Avión cree que nada es _____ que él.

14. El _____ del aeroplano se para.

15. Los edificios _____ contentos porque Avión habla así a Rascacielos.

Fotografías

Estamos en la Ciudad de México. Vamos a visitar las pirámides de Teotihuacán. Tomamos el tranvía desde nuestra casa hasta el centro de la ciudad. De allí vamos a pie a la estación de camiones.

En la estación hay muchas personas. Entre ellas hay una señora norteamericana que tiene con ella su cámara "Polaroid". Saca fotos de los niños allí en la estación. Les da las fotos. Los niños están muy contentos con ellas.

Después de sacar muchas fotos, sólo queda una en la cámara. Hay todavía otro grupo de niños que desean una foto. La señora dice que ya no tiene más que una en la cámara. Pero saca la foto. Todos los niños en el grupo quieren la foto. Es un problema para la señora. Le da la foto al más grande de los niños, pero los otros no están muy contentos.

Después, cuando ya estamos en el camión para ir a las Pirámides de Teotihuacán, un niño entra para vender dulces. Compramos dulces. Hay una sorpresa. Este niño tiene parte de la foto que sacó la

vamos a: we are going (to)
tranvía: streetcar
centro: center, downtown district
estación de camiones: bus station
norteamericana: American woman
saca fotos: she takes pictures (photographs)
les da: she gives them

al más grande: to the biggest

después: afterwards
dulces: candy
sacó: she took (photographed)

señora. Es la parte de la foto en que él está. La otra parte la tiene otro niño.

Ahora dos niños están contentos. Pero, ¿qué creen ustedes acerca de los otros niños del grupo? ¿Creen ustedes que ellos también están contentos?

la tiene otro niño: (it) another boy has

¿creen ustedes?: do you believe?
acerca de: about

Directions: Take a sheet of notebook paper and number the lines from 1 to 15. Then write the answers to the following test items each after its appropriate number.

Multiple-choice. Put the letter of the true sentence on the line after the number of the item.

1. a. Las personas en este cuento están en la ciudad de Nueva York.
   b. Las personas en este cuento están en la ciudad de Los Angeles.
   c. Las personas en este cuento están en la ciudad de México.
   d. Las personas en este cuento están en la ciudad de Chicago.

2. a. La señora saca fotografías de los niños.
   b. Un niño saca la fotografía de la señora.
   c. Una niña saca la fotografía de otras niñas.
   d. El maestro saca la fotografía de su hija.

3. a. Compramos maíz.
   b. Compramos una cámara.
   c. Compramos un burro.
   d. Compramos dulces.

4. a. Ahora las niñas del grupo en la fotografía están contentas.
   b. Ahora muchos niños del grupo en la fotografía están contentos.
   c. Ahora los padres de los niños del grupo en la fotografía están contentos.
   d. Ahora dos niños del grupo en la fotografía están contentos.

True-false. Put down a T if the sentence is true or an F if false.

5. Las personas visitan las pirámides de Teotihuacán.

6. Van al centro de la ciudad en avión.

7. En la estación no hay muchas personas.

8. Una señora americana está allí, y tiene con ella su cámara Polaroid.

9. Después de sacar muchas fotografías, la señora tiene solamente una fotografía más.

10. Los niños no desean más fotografías.

11. Un niño entra para vender tomates.

Completion. Fill in the blanks with the words that make the sentences correct.

12. Todos los niños _____ la fotografía.

13. Los niños compran _____.

14. Cuando van a las pirámides los niños van en _____.

15. El niño tiene la _____ de la foto en que él está.

27

Dos niños en el tren

Rafael Brown y su madre suben al tren en la estación grande de Los Angeles. Van a Chicago. Hay coche-camas en el tren, pero no tienen bastante dinero para ir en Púllman. Van en coche ordinario, pero el tren es muy bueno. Se llama "El Capitán". Va de Los Angeles a Chicago en treinta y nueve horas. Los asientos son muy cómodos. Rafael toma el asiento cerca de la ventana para ver todas las cosas de afuera.

Al otro lado del pasillo hay otro niño, también con su madre. Se llama Enrique Torres. También va a Chicago. Naturalmente, los dos niños hablan el uno con el otro. Las madres hablan también. Pronto las madres se hacen muy buenas amigas y también los niños. Los niños hablan de la escuela. Los dos viven en Los Angeles, pero son de diferentes partes de la ciudad. Por eso, van a diferentes escuelas.

Las dos madres dicen que van al coche-club a tomar un café. Los niños van a quedarse en sus asientos. Prometen portarse bien. Las madres se van. Los niños olvidan su promesa y juegan a la quemada en el pasillo. Rafael corre rápidamente y se cae, pero se levanta pronto.

coche-camas: sleeping cars
bastante: enough
se llama: it is called
asientos: seats, chairs
cómodos: comfortable

ventana: window
afuera: outside
pasillo: aisle

se hacen: become

por eso: therefore
coche-club: lounge car
café: cup of coffee
quedarse: to remain
portarse: to behave themselves
olvidan: forget
juegan a la quemada: play tag
se cae: falls down
se levanta: gets up
pronto: quickly

Enrique no se cae, pero corre mucho también. De pronto se para el tren. Rápidamente los niños bajan la escalera. Bajan del tren en la estación y ya juegan a la quemada afuera.

Las madres vienen del coche-club, pero los niños no están en sus asientos. Los llaman, pero no responden. Las madres bajan por la escalera. Ven a los niños afuera. Los llaman. Los niños vienen. Las madres les pegan por ser desobedientes. Como castigo, los niños se quedan en sus asientos por mucho tiempo.

de pronto: suddenly
bajan: go down, get off
ya: still

ven a los niños: see the boys
les pegan: strike them
castigo: punishment

Directions: Take a sheet of notebook paper and number the lines from 1 to 15. Then write the answers to the following test items each after its appropriate number.

Multiple-choice. Put the letter of the true sentence on the line after the number of the item.

1. a. El tren va de Los Angeles a Chicago en treinta y nueve horas.
    b. El tren toma más de (than) dos días desde Los Angeles hasta Chicago.
    c. La madre de Enrique juega con una pelota.
    d. El tren viene desde Chicago hasta Los Angeles en treinta horas.

2. a. Rafael va a ver todas las personas en el coche-club.
    b. Rafael y Enrique tienen la misma madre.
    c. Rafael no es amigo de Enrique.
    d. Rafael toma el asiento cerca de la ventana para ver todas las cosas de afuera.

3. a. Las madres de los niños no hablan la una con la otra.
    b. Una madre va al coche club y la otra al Pullman.
    c. La madre de Enrique juega con una pelota.
    d. Las dos madres se hacen buenas amigas y hablan la una con la otra.

4. a. Los dos niños se quedan en el coche-club.
    b. Los dos niños bajan por la escalera, pero no bajan del tren.
    c. Los dos niños bajan por la escalera y bajan del tren.
    d. Los dos niños no juegan a la quemada en la estación.

True-false. Put down a T if the sentence is true or an F if false.

5. Rafael y su madre suben al camión en una estación de Nueva York.

6. Ellos no tienen bastante dinero para ir en Pullman.

7. El tren se llama El Capitán.

8. A Rafael no le gusta el asiento cerca de la ventana.

9. Las madres van al coche-club a tomar un café.

10. Los niños prometen portarse bien.

11. Los niños juegan a la quemada afuera.

Completion. Fill in the blanks with the words that make the sentences correct.

12. Los asientos son muy _____.

13. _____ _____ hablan de la escuela.

14. Los niños _____ su promesa.

15. Las madres _____ _____ por ser desobedientes.

Dos pájaros

Hay dos pájaros fuera de mi ventana. Toman agua del baño para pájaros. El baño está bajo un árbol. Hay mucha fruta en el árbol. Mi vecina también tiene muchos árboles con fruta, pero ella no tiene un baño para pájaros.

Todos los días pongo agua en el baño. Muchos pájaros vienen a tomar agua. Algunas veces comen la fruta también.

Uno de los pájaros fuera de mi ventana se llama Cu Cu. El otro se llama Lulú. Los dos toman agua. Luego se miran. Parecen hablar el uno con el otro. ¿Qué se dicen?

—Cu Cu—dice Lulú—venimos aquí todos los días a tomar agua. La señora de esta casa pone agua en el baño todos los días. Es una señora muy buena.

—No, Lulú. Esta agua es de lluvia y viene del cielo.

En este momento salgo de la casa para poner más agua en el baño. Los pájaros vuelan al árbol. Me miran desde allí. Cuando vuelvo a la casa, ellos van otra vez al baño para pájaros.

pájaros: birds
fuera de: outside
toman: they take, drink
árbol: tree
vecina: neighbor
todos los días: every day
pongo: I put
tomar: take, drink
comen: they eat
se miran: they look at each other
se dicen: do they say to each other

venimos: we come

pone: puts

lluvia: rain

salgo: I come out

vuelvo: I return
otra vez: another time, again

—Usted tiene razón, Lulú. La señora pone el agua aquí.

—¿Qué podemos hacer para la señora, Cu Cu? ¡Es tan buena con nosotros!

—No sé Lulú. Vamos a pensar en eso otro día. Vamos a volar en el cielo. Pero, antes, vamos a comer alguna fruta. Hay mucha fruta en este árbol.

—Pues, Cu Cu. ¡Eso es lo que podemos hacer para la señora! Ella nos da agua. ¡Podemos dejar su fruta sin comérnosla!

—Muy bien, Lulú. Vamos a otro árbol. La vecina tiene muchos árboles con fruta. Vamos allí.

Y los dos pájaros vuelan al árbol de la vecina para comer fruta antes de volar en el cielo.

usted tiene razón: you are right
podemos: can we

vamos a: let us
pensar en: think about
volar: fly
antes: before that
lo que: that which, what
dejar: leave
sin: without
comérnosla: eating it
vamos: let us go
vuelan: fly
antes de volar: before flying

Directions: Take a sheet of notebook paper and number the lines from 1 to 15. Then write the answers to the following test items each after its appropriate number.

Multiple-choice. Put the letter of the true sentence on the line after the number of the item.

1. a. Los dos pájaros están en la casa de la señora.
    b. Los pájaros Cu Cu y Lulú están fuera de la ventana.
    c. Hay un edificio en que vuelan los pájaros.
    d. El perro de la señora vuela con los pájaros.

2. a. Los pájaros toman agua en el cielo.
    b. En la casa de la señora hay agua que toman los pájaros.
    c. Nueve pájaros toman agua en el suelo.
    d. Muchos pájaros toman agua del baño para pájaros.

3. a. La señora de la casa pone agua en el baño para pájaros.
    b. Ella pone agua en su auto, que está cerca del baño.
    c. Ella toma café con los dos pájaros Cu Cu y Lulú.
    d. Una señora de otra casa viene y pone agua en el baño para pájaros.

4. a. En los árboles hay muchas pelotas.
    b. También hay muchos niños en los árboles.
    c. Los árboles tienen mucha fruta en ellos.
    d. Los árboles con fruta están cerca de un edificio grande en el centro de la ciudad.

True-false. Put down a T if the sentence is true or an F if false.

5. Los pájaros toman agua del baño para pájaros.

6. Los pájaros no comen fruta porque si la comen la señora no les da agua.

7. La señora de la casa habla con los pájaros y ellos se van al cielo.

8. Uno de los pájaros dice que la señora no es muy buena con ellos.

9. Lulú dice que ellos pueden dejar la fruta de la señora de la casa.

10. Los dos pájaros no comen fruta del árbol de la vecina.

11. El árbol de la vecina tiene muchas frutas.

Completion. Fill in the blank with the words that make the sentence correct.

12. Cu Cu dice _____ el agua en el baño para pájaros viene del cielo.

13. La señora sale _____ la casa y los pájaros vuelan al árbol.

14. Los dos pájaros le miran _____ la señora desde el árbol.

15. Cuando la señora entra en la casa después de estar _____,
    los pájaros vuelan otra vez al baño para pájaros.

Papá en la rueda de la fortuna

En nuestra ciudad hay una feria. Mucha gente va a la feria. La parte de la feria que me gusta más es el carnaval. En esa parte de la feria hay varios juegos para divertir a la gente. Entre ellos hay la rueda de la fortuna, que en inglés, llamamos "Ferris wheel". Me gusta mucho la rueda de la fortuna.

Toda la familia está conmigo: mi padre, mi madre, y mi hermanita. Mi hermanita tiene solamente dos años.

—Papá — le digo a mi padre— ¿puedo ir en la gran rueda?

—No, hijo mío, es peligrosa. No te permito ir solo.

—Pues, usted puede ir conmigo.

—No me gusta la rueda de la fortuna, hijo. Me pongo enfermo.

—¡Qué mala suerte! —digo— Quisiera mucho subir a la rueda de la fortuna.

En esto, mi madre está de mi parte. —Enrique, ¿por qué no vas con él?

—Tú sabes bien, Marta, que me pongo enfermo. No me gusta la rueda de la fortuna.

feria: fair
gente: people
me gusta más: I like most
varios: various
juegos: games, rides
divertir: amuse
entre: among
rueda: wheel
puedo: may I?
gran (grande): big
hijo mío: my son
peligrosa: dangerous
te: you
permito: I will permit
solo: alone
pues: well
puede: can
me pongo enfermo: I become sick
mala suerte: bad luck
quisiera: I should like
subir a: to get on
está de mi parte: she is on my side
¿por qué?: why?
no vas: don't you go
tú: you

—¡Qué lástima! ¡Tú no te pones enfermo! ¡Eres terco, es todo!

—Muy bien, muy bien.

Mi padre y yo compramos boletos. Subimos a la rueda y nos sentamos. La rueda se pone en marcha. Vamos hacia arriba. Luego vamos hacia abajo. Lentamente al principio. Luego más rápidamente.

Mi padre se pone muy enfermo. Cuando pasamos al hombre que gobierna el motor, grita: —Quiero bajarme. Me pongo enfermo.— Pero el hombre no le presta atención y el motor no se para. Mi padre se pone más enfermo.

Al fin la rueda se para. Mi padre y yo nos bajamos. Mi padre no puede caminar bien. Pero puede decir:

—No vuelvo a la rueda de la fortuna en el resto de mi vida. No me gusta la rueda de la fortuna porque me pongo enfermo. No me gusta ponerme enfermo. ¡Vamos a casa!

¡qué lástima!: what a pity!
tú no te pones: you don't become
eres: you are
terco: stubborn
es todo: that's all
boletos: tickets
subimos a: we get on
nos sentamos: sit down
se pone en marcha: starts (turning)
arriba: up
abajo: down
lentamente: slowly
al principio: at first
se pone: becomes
gobierna: controls
grita: shouts
bajarme: to get off
no presta atención: does not pay attention
al fin: finally
nos bajamos: get off
caminar: walk
vida: life
ponerme: to become

PRUEBA: *Papá en la rueda de la fortuna*   **Cuento 8**

Directions: Take a sheet of notebook paper and number the lines from 1 to 15. Then write the answers to the following test items each after its appropriate number.

Multiple-choice. Put the letter of the true sentence on the line after the number of the item.

1. a. Hay una feria en el tren que se para en el pueblo.
   b. Nuestra ciudad tiene una feria.
   c. *Feria* significa *juego*.
   d. Mi hermano está conmigo en la feria.

2. a. No va mucha gente a la feria.
   b. Las cuatro personas de la familia van a la feria.
   c. Una vecina va a la feria con nuestra familia.
   d. Solamente una familia va a la feria.

3. a. Esta feria no tiene carnaval.
   b. La rueda de la fortuna no es para divertir a la gente.
   c. Los varios juegos de la feria no son solamente para los niños.
   d. Una feria no tiene juegos.

4. a. En inglés la rueda de la fortuna se llama "giant stride".
   b. Un carnaval no tiene rueda de la fortuna.
   c. El niño en el cuento se llama Ferris.
   d. El niño ve la rueda de la fortuna en el carnaval.

True-false. Put down a T if the sentence is true or an F if false.

5. La hermanita del niño en el cuento tiene dos años.
6. El papá dice que el niño puede ir solo en la gran rueda.
7. El niño dice "mala suerte" cuando su hermana no puede subir a la rueda de la fortuna.
8. Cuando el padre dice que el niño no puede subir a la rueda de la fortuna, la madre está de parte de su hijo.
9. Para ir en la rueda de la fortuna mi padre y yo compramos boletos.
10. El padre quiere quedarse en la rueda.
11. El padre desea regresar a la rueda más tarde.

Completion. Fill in the blanks with the words that make the sentences correct.

12. La madre le pregunta al padre del niño por qué no _____ _____ con su hijo en la rueda de la fortuna.
13. La madre le pregunta al padre del niño: —¿Por qué no _____ con tu hijo en la rueda de la fortuna?
14. El niño no _____ enfermo en la rueda de la fortuna.
15. Al papá del niño no ____ _____ la rueda de la fortuna.

39

Una sorpresa

Lorenzo Mondragón es un niño de diez años de edad. Le gustan los trenes. Muchas noches, él y su papá van a la estación a ver los trenes. Algunos trenes vienen del este; otros del oeste. A Lorenzo le gusta ver a la gente en el coche-comedor. También le gusta mirar a la gente por las ventanas de los coche-camas.

Esta noche el tren que se llama "Ciudad de El Paso" se para en la estación cuando Lorenzo y su padre están allí. El señor Mondragón dice que este tren pasa por la ciudad en donde viven los abuelos de Lorenzo. Lorenzo quiere mucho a sus abuelos porque son muy amables con él.

—Papá, ¿me permite ir a visitar a mis abuelos durante las vacaciones de Navidad?

—La ciudad en donde viven tus abuelos está muy lejos de aquí, y el boleto cuesta mucho dinero. Creo que no tendremos bastante dinero este año. Posiblemente el año que viene.

edad: age
le gustan: he likes
este: east
oeste: west
coche-comedor: dining car
mirar: to look at

por: through
en donde: where, in which
abuelos: grandparents
quiere: loves
amables: kind
me permite: let me
vacaciones de Navidad:
  Christmas vacation
tus: your
cuesta: costs
creo: I believe, I think
tendremos: we shall have
el año que viene: next year

—Pero, papá. Usted tiene ese dinero que la compañía le da cada Navidad. ¿No puedo usarlo?

—No, ese dinero lo necesito para el médico. Cuando nació tu hermanita tu madre estuvo en el hospital. ¿Recuerdas?

—Sí, papá yo recuerdo.

Naturalmente el niño se pone algo triste, pero quiere mucho a su madre y a su hermanita y olvida su tristeza.

Algunas noches después, pocos días antes de la Navidad, Lorenzo y su padre están otra vez en la estación mirando los trenes. Un tren llega del este.

—Mira, algunas personas están bajando del tren. Vamos a verlas.

Lorenzo corre a ver a la gente. ¿Quiénes, creen ustedes que bajan del tren?

¡Los abuelos de Lorenzo!

compañía: company
cada: each
usarlo: use it
necesito: I need
médico: doctor

hermanita: little sister
tristeza: sadness
pocos: few, a few
mirando: watching
mira: look
bajando del: getting off the
a verlas: to see them
¿quiénes, creen ustedes que bajan: who do you think gets off?

Directions: Take a sheet of notebook paper and number the lines from 1 to 15. Then write the answers to the following test items each after its appropriate number.

Multiple-choice. Put the letter of the true sentence on the line after the number of the item.

1. a. El cuento dice que Lorenzo Mondragón está en el quinto año de la escuela.
   b. El niño en el cuento tiene diez años.
   c. Pedro Mondragón, el niño en este cuento, tiene diez años.
   d. La hermanita de Lorenzo tiene diez años.

2. a. Muchas veces durante el día Lorenzo y su madre van a mirar los trenes.
   b. Lorenzo y su papá miran los trenes desde su casa.
   c. Las hermanas de Lorenzo van a la estación a ver los trenes.
   d. Muchas noches Lorenzo y su papá van a la estación, a mirar los trenes.

3. a. Le gusta a Lorenzo ver a la gente en el coche-comedor.
   b. No le gusta a la gente estar en el coche-comedor.
   c. La gente tiene camas en el coche-comedor.
   d. Lorenzo tiene su cama en el coche-comedor.

4. a. No hay gente en los coche-camas.
   b. Lorenzo ve a la gente por las ventanas de los coche-camas.
   c. Lorenzo sube al tren y luego baja la escalera del coche-cama.
   d. Un hombre que viene en el tren tiene una conversación con Lorenzo.

True-false. Put down a T if the sentence is true or an F if false.

5. Un tren que se llama "Ciudad de El Paso" se para en la estación.

6. El "Ciudad de El Paso" pasa por la ciudad en donde ellos viven.

7. Lorenzo quiere ir en tren a visitar a sus abuelos y por eso le pregunta a su padre si lo permite ir.

8. La ciudad en que viven los abuelos está muy lejos, dice el papá de Lorenzo.

9. Cuando su padre le dice que no tiene dinero, el niño no se pone triste.

10. Los abuelos no vienen a visitar a Lorenzo y a su papá.

11. Este cuento pasa cerca del tiempo de Navidad.

Completion. Write down the words which fill the blanks correctly.

12. Lorenzo no puede visitar a sus abuelos porque el boleto _____ mucho.

13. _____ el abuelo tiene bastante dinero, él puede comprar el boleto.

14. El padre de Lorenzo dice: —Necesito el dinero que _____ da la compañía. No puedo comprarle un boleto.

15. Cuando una persona está enferma, va _____ ver _____ un médico.

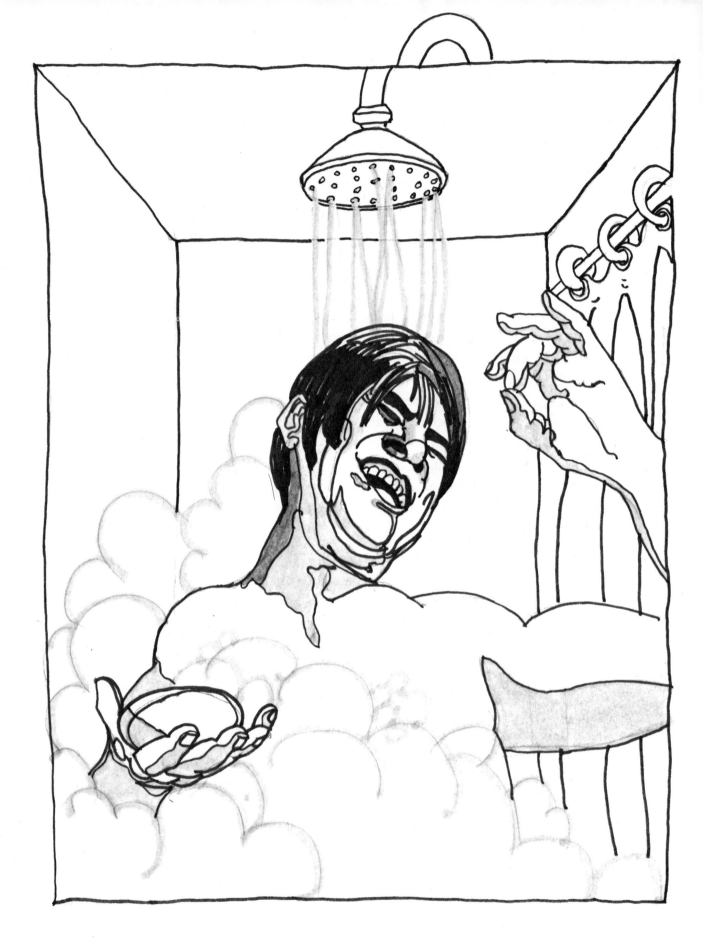

Canciones en el baño

En muchas familias el padre es el jefe de la casa, pero hay familias en que el padre ocupa otro lugar. Así es la familia Murriaga. Fernando Murriaga nunca puede llamar suya su propia alma. En la casa su esposa es la que manda. Ni siquiera sus propios hijos le tratan con el respeto debido.

Pero hay un lugar en donde Fernando Murriaga es todo un hombre. Es cuando está en el baño. Durante el tiempo que está en el baño, siempre canta las canciones que más le gustan. Sabe muchas de las óperas populares. Sabe muchas de las canciones populares que cantan por la radio. Durante el baño, el señor Murriaga canta muchas de esas canciones a voz en cuello. Los miembros de la familia lo oyen; también los vecinos.

La señora va a la puerta del baño y grita:

—Fernando, ¡basta de ese cantar! ¡No podemos aguantar más!

Pero su esposo no deja de cantar.

Los niños también van a la puerta del baño.

jefe: chief, boss
llamar suya su propio alma: to call his soul his own
esposa: wife
manda: commands, rules
ni siquiera: not even
tratan: treat
respeto debido: proper respect
siempre: always
canta: sings
canciones: songs

a voz en cuello: at the top of his voice
oyen: hear
puerta: door
basta de ese cantar: enough of that singing
aguantar: stand, bear
deja de: stop

—Papá, favor de dejar de cantar. No nos gusta.

Pero su papá no deja de cantar. En el baño, Fernando Murriaga es rey. Es un gran artista. Canta si quiere. Calla cuando quiere. ¡Más pronto, no!

Por eso, sigue cantando. Nada ni nadie puede detenerlo.

Al fin el baño termina. También termina de cantar. El rey sale del cuarto de baño. Ya no es rey. Es el mismo de siempre, el esposo humilde, el padre que no puede llamar suya su propia alma.

¡Pero en el cuarto de baño es rey! ¡Esto siempre le gusta! ¡Esto siempre recuerda! Es todo un hombre—¡en el baño!

calla: keeps silent

nada ni nadie: not anything, not anybody
detenerlo: stop him
termina: ends

cuarto de baño: bathroom
humilde: humble

PRUEBA: *Canciones en el baño*

Directions: Take a sheet of notebook paper and number the lines from 1 to 15. Then write the answers to the following test items each after its appropriate number.

Multiple-choice. Put the letter of the true sentence on the line after the number of the item:

1. a. En muchas familias el hijo es el jefe de la casa.
   b. Un hombre rico que vive en otra ciudad es jefe de la casa.
   c. El perro es el jefe de la casa. (Aquí *casa* no significa *casa de perros.)*
   d. El esposo y el padre de la familia ordinariamente es el jefe de la casa.
2. a. En la familia Murriaga el padre no es el jefe de la casa.
   b. El señor Murriaga es jefe de una familia de burros.
   c. La señora Murriaga, una persona muy buena, no es jefa de la casa.
   d. Una vecina que tiene árboles con fruta es la jefa de la familia Murriaga.
3. a. Fernando Murriaga no trata a su esposa con el respeto debido.
   b. A Fernando Murriaga no lo tratan sus hijos con mucho respeto.
   c. A la esposa de Fernando Murriaga no la tratan sus hijos con el respeto debido.
   d. Los pájaros, dice el cuento, lo tratan al señor Murriaga con mucho respeto porque les gusta cantar.
4. a. En el baño Fernando Murriaga es todo un hombre.
   b. En la casa con su familia Fernando Murriaga es rey.
   c. Cuando está en el baño, el señor Murriaga está muy triste.
   d. Fernando Murriaga, el padre de la familia, no canta nunca cuando está en la casa o cuando está en el tranvía.

True-false. Put down a T if the sentence is true or an F if false.

5. Fernando Murriaga canta óperas que le gustan a la gente cuando las oye por radio.
6. Sí, al señor Murriaga le gustan las canciones populares y él las canta.
7. Cuando come con su esposa y con sus hijos, el señor Murriaga siempre canta las canciones que les gustan.
8. Cuando canta, canta a voz en cuello, y los vecinos lo oyen.
9. La señora Murriaga no va a la puerta del baño.
10. Cuando el baño termina Fernando Murriaga no canta más.
11. En el baño el señor Murriaga es todo un hombre.

Completion. Write down the words which fill the blanks correctly.

12. A la señora Murriaga no le gusta _____ canciones de su esposo.
13. Cuando grita la señora, el "rey" no _____ _____ cantar.
14. Fernando Murriaga no toma el agua en el baño como los pájaros, pero _____ canciones populares.
15. Cuando no está en el baño, el señor Murriaga es muy _____.

Las tijerillas

En el Teatro Padua Hills, hay un mapa grande de México pintado en la pared. Cada estado en el mapa tiene un color diferente.

Un día, un grupo de amigos de nuestra escuela fue a ese teatro a ver la función. Nuestro maestro nos cuenta una de sus experiencias durante un viaje a México.

—¿Ven ustedes ese estado color de café? Ese es Tamaulipas. La capital de Tamaulipas es Ciudad Victoria. Hace algunos años, mi esposa, mi hijo, y yo íbamos en nuestro coche a la Ciudad de México (así se llama la capital de ese país). Paramos en un motel de Ciudad Victoria.

—Ernesto —dice mi esposa— me gusta este cuarto. Es cómodo, y las camas son buenas y limpias.

—Estoy contento por eso, Isabel —le digo yo.

Nuestro hijo Juanito está afuera mirando la vecindad. Ahora entra en el cuarto.

—Es la hora de acostarnos, Juanito—dice la madre.

fue: went
función: show
cuenta: tells, relates
viaje: trip
de color café: colored brown
Ese = ése: that
hace algunos años some years ago
íbamos: were going
coche: car, automobile
país: country
paramos: we stop
limpias: clean

mirando: looking at
vecindad: neighborhood

acostarnos: (for) us to go to bed

49

Juanito se quita la ropa y se baña. Luego se pone sus pijamas y se acuesta en la cama pequeña. Por algunos minutos se queda sin moverse. Luego le grita a su madre, quien se prepara a acostarse.

—Mamá —le llama— veo algunos insectos en el techo. ¿Qué son? ¿Qué son?

Su madre viene a ver los insectos. Hay muchos de ellos. Ella grita, y me llama a mí. Voy corriendo.

—Mira esos insectos horribles, Ernesto. Probablemente son peligrosos.

—Voy por el hombre del motel — digo yo.

El hombre viene a ver los insectos. Toma uno en la mano.

—No hacen daño. Se llaman tijerillas porque se parecen a unas tijeras.

El hombre se va y nos acostamos. Las tijerillas no nos hacen daño. Dormimos bien. Por la mañana continuamos nuestro viaje a México.

Las tijerillas se quedan en Ciudad Victoria.

se quita la ropa gets undressed
se baña: takes a bath
se pone sus pijamas: puts on his pajamas
pequeña: small
por algunos minutos: for a few minutes
grita: cry out, shout
quien: who
veo: I see
voy corriendo: I come running

mano: hand
no hacen daño: they're harmless
tijerillas: little scissors
se parecen a: they resemble
tijeras: scissors
nos acostamos: we go to bed
dormimos: we sleep
por la mañana: in the morning

Directions: Take a sheet of notebook paper and number the lines from 1 to 15. Then write the answers to the following test items each after its appropriate number.

Multiple-choice. Put the letter of the true sentence on the line after the number of the item:

1. a. Un mapa pequeño está en las pijamas de Juanito.
   b. Algunas personas ven el mapa en un edificio muy alto.
   c. El mapa está en la pared de un teatro en donde hay una función.
   d. Juanito y su padre tienen un mapa grande en el coche en que van a Ciudad Victoria.

2. a. En el teatro de nuestra escuela un grupo de niños hacen un mapa grande.
   b. El maestro hace un mapa de Tamaulipas para los niños que van a Padua Hills.
   c. Yo necesito un mapa de México para hablar español.
   d. En el mapa podemos ver todos los estados de México, cada uno pintado un color diferente.

3. a. El cuento nos dice de qué año de la escuela son los niños del grupo.
   b. Una de las niñas del grupo pone el color café en el estado de Tamaulipas.
   c. Estamos mirando el mapa, y el maestro nos cuenta una experiencia suya durante un viaje a la Ciudad de México.
   d. Uno de los niños fue a Ciudad Victoria con la familia del maestro.

4. a. Hasta la hora de la función, los niños se queden en el camión, y por eso no oyen el cuento.
   b. Antes de la función, los niños toman agua que les da el maestro.
   c. Cuando los niños están en el teatro, miran la función.
   d. Uno de los niños le dice al maestro que el cuento no es interesante.

True-false. Put down a T if the sentence is true and an F if false.

5. Hace algunos años, la esposa del maestro fue con su hija a la Ciudad de México.

6. La familia que va en su coche a la Ciudad de México duerme una noche en un motel de la capital del estado de Tamaulipas.

7. Las camas del cuarto en donde duerme la familia no están limpias.

8. Juanito va afuera a mirar las casas y otros edificios que están en la vecindad del motel.

9. Las tijerillas son insectos que hacen daño.

10. Ellos duermen bien.

11. El hombre toma un insecto en la mano.

Completion. Fill in the blanks with the words that make the sentences correct.

12. Antes de acostarse, Juanito _____ quita la ropa y _____ pone las pijamas.

13. Juanito _____ grita a su mamá para decir _____ que ve insectos en el techo.

14. La madre del niño cree que los insectos son _____ .

15. Ernesto va _____ el hombre del motel.

Un susto en el mercado

No muy lejos de nuestra casa está el mercado en donde mi mamá compra cosas para nuestra familia. El mercado está en un edificio grande. Latas, botellas y otros artículos están en largas armazones que corren de un lado al otro del mercado. Las verduras y las frutas están en otras armazones.

Un día estoy con mi madre en el mercado. Ella está en la sección de las verduras, escogiendo tomates para la comida. Yo estoy más interesado en algunos juguetes que están en otra parte del mercado. Voy a verlos.

Mi mamá siempre dice que no es bueno tocar las cosas en las armazones, pero me gustan tanto los juguetes que *cojo* uno de ellos. En ese mismo momento, hay un gran ruido. Algunas botellas en la armazón cercana se caen, rompiéndose en el piso.

Me da un gran susto. Parece que es un castigo por haber tocado los juguetes. Corro hasta donde está mi mamá.

—¿Qué tienes, hijo? —pregunta mi madre.

mercado: market

latas: tin cans
botellas: bottles
largos: long
armazones: sections of shelving
verduras: vegetables

escogiendo: choosing
comida: dinner
juguetes: toys

tocar: to touch
tanto: so much
cojo: take (one) off the shelf
ruido: noise
cercano: near-by
rompiéndose: breaking
piso: floor
susto: scare
haber tocado: touching
¿qué tienes?: what's the matter?

No puedo contestar. Estoy pálido de susto.

En ese momento llega un empleado del mercado, quien dice:

—Este niño hizo caer algunas botellas al piso. El líquido está en todas partes.

—¡Hijo! ¡Qué malo eres!

Yo no puedo decir nada, por el susto.

Mi mamá, el empleado y yo vamos a ver las botellas y el líquido en el piso.

—Ustedes tienen que pagar —dice el empleado del mercado.

Pero un hombre, cliente del mercado, quien está cerca dice:

—Este niño no tiene la culpa. Esas botellas se cayeron por sí mismas. Nadie tiene la culpa.

Luego, todos nosotros examinamos la armazón. Tiene un defecto. Las botellas se cayeron por sí mismas, como dice el hombre. Otras botellas, todavía en la armazón, están para caerse también.

El empleado me pide perdón.

Le doy las gracias al cliente por su bondad. Mi madre también le da las gracias.

¡Qué susto me dio! En el futuro, no voy a tocar los juguetes. No voy a tocarlos porque mi madre dice que no es bueno hacerlo.

contestar: to answer
pálido: pale
empleado: employee
hizo caer algunas botellas: made some bottles fall

yo no puedo decir nada: I can't say anything

tienen que pagar: have to pay

cliente: customer

culpa: blame
por sí mismas: by themselves

todos nosotros: we all

están para caerse: are about to fall
me pide perdón: asks my pardon
le doy las gracias al cliente: I thank the customer
bondad: goodness, kindness
¡qué susto me dio!: What a scare it gave me!

Directions: Take a sheet of notebook paper and number the lines from 1 to 15. Then write the answers to the following test items each after its appropriate number.

Multiple-choice. Put the letter of the true sentence on the line after the number of the item:

1. a. El mercado está muy lejos de nuestra casa.
   b. El cuento dice que el mercado está en una casa grande.
   c. Mi madre no tiene que ir lejos cuando va al mercado, porque está muy cerca de nuestra casa.
   d. Mi padre va en tren al centro de la ciudad para comprar las cosas que vamos a comer.

2. a. Nunca va al mercado el niño del cuento.
   b. Una vecina siempre compra tomates en el mercado para la familia del cuento.
   c. Un empleado del mercado lleva las cosas a la casa de la familia.
   d. Es la madre del niño, quien compra cosas en el mercado para la familia.

3. a. Las cosas que vende el mercado están en armazones muy largas.
   b. Las armazones corren con los niños de un lado del mercado al otro.
   c. Hay un empleado que tiene su lugar en una de las armazones, en donde toda la gente puede verlo.
   d. En el mercado mucha gente toma cosas de las armazones y las come antes de pagar.

4. a. Compramos ropa en la sección de verduras en el mercado.
   b. Las señoras siempre compran tomates en la sección de verduras.
   c. Muchas veces los pájaros vuelan en el mercado y toman café de las botellas en las armazones.
   d. Es posible comprar verduras en el mercado cerca de la casa de la familia en el cuento.

True-false. Put down a T if the sentence is true and an F if false.

5. Mamá está escogiendo café en una parte del mercado y yo estoy mirando los juguetes en otra parte.

6. Mi madre dice que no es bueno jugar con las cosas en el mercado.

7. Los gritos de los niños parecen un castigo por tocar los juguetes.

8. El empleado del mercado está pálido de susto cuando se caen las botellas.

9. Las botellas se rompen en el piso.

10. La madre y el niño no le dan las gracias al cliente.

11. El niño dice que en el futuro no va a tocar los juguetes.

Completion. Fill in the blank with the words that make the sentence correct.

12. Las botellas en una _____ cercana se caen y se rompen en el piso.

13. Un cliente dice que el niño no tiene la culpa porque las cosas en la armazón se cayeron por

    _____   _____.

14. La madre y su hijo, y el empleado y el cliente van a ver las botellas en el piso. El cliente tiene _____: nadie tiene la culpa.

15. Las personas que miran la armazón ven un _____.

Un viaje memorable en bicicleta—I

Antonio Gómez vive con su familia en Ciudad Bonita, California. Su padre es maestro de escuela y su madre es ama de casa. Antonio tiene una hermana que se llama Dolores. Ella es menor que él. Durante el verano su padre trabaja como mecánico. En agosto la familia se va de vacaciones en el coche a Oregón.

Un día, llega una carta desde Chicago, diciendo que la abuela de Antonio está muy enferma y que la madre de él debe ir a cuidarla. La señora Gómez sale inmediatamente para Chicago y lleva a Dolores con ella, pero Antonio tiene que quedarse en casa con su papá.

La familia ya no puede ir a Oregón. El señor Gómez le pregunta a Antonio *cómo le gustaría* hacer un viaje en bicicleta a la casa de su tío Pablo, hermano del señor Gómez, quien vive a setenta y cinco millas, más o menos, de Ciudad Bonita. Claro, a Antonio le gusta mucho la idea. Por consiguiente, su papá deja su trabajo como mecánico y los dos se preparan para el viaje.

ama de casa: housewife
menor: younger
verano: summer
trabaja: works
ir se de vacaciones: go on a vacation
diciendo: saying
abuela: grandmother
debe: ought, must
cuidarla: to care for her
se lleva a: takes
tiene que: has to
le gustaría: he would like
bicicleta: bicycle
hermano: brother
setenta y cinco millas: seventy-five miles
menos: less
por consiguiente: consequently
trabajo: work

Durante el primer día del viaje, no pasa nada de importancia hasta que llegan a donde sube fuertemente el camino. Van los dos en bicicleta, el padre primero y el hijo detrás. Van muy a la derecha para evitar accidentes. De repente, vienen dos coches hacia ellos, el uno tratando de pasar al otro. Uno de los coches casi choca con el señor Gómez, pero el señor se escapa sin novedad. Antonio tiene mucho miedo, naturalmente, y da vuelta tan fuertemente a la derecha que se cae, hiriéndose la rodilla. Los coches no se paran, pero van locamente hacia abajo. El señor examina a Antonio y le pone una venda. Aparte de eso Antonio está bien. Padre e hijo continúan su viaje.

hasta que llegan: until they arrive
sube: it climbs
fuertemente: sharply
primero first
detrás: behind
derecha: right
evitar: avoid
de repente: suddenly
aparecen: appear
viniendo: coming
tratando de pasar: trying to pass
se escapa: escapes
sin novedad· "without a scratch"
miedo: fear
da vuelta: turns
hiriéndose la rodilla: wounding, hurting his knee
locamente: crazily
venda: bandage
aparte de eso: aside from that
está bien: is all right

Directions: Take a sheet of notebook paper and number the lines from 1 to 15. Then write the answers to the following test items each after its appropriate number.

Multiple-choice. Put the letter of the true sentence on the line after the number of the item.

1. a. La ciudad en donde vive la familia Gómez está en el oeste de nuestro país.
    b. Antonio y su padre van de vacaciones a México.
    c. El cuento dice que Antonio y su padre van a la capital del estado de Oregón.
    d. Van a visitar el señor Martínez.

2. a. El hermano del padre de Antonio es ama de casa.
    b. Durante el verano el señor Gómez, quien vive en California, es mecánico.
    c. Antonio trabaja como mecánico en la escuela.
    d. Un mecánico es un maestro de inglés.

3. a. La hermana de Antonio, quien se llama Dolores, es ama de casa.
    b. La otra hermana, que se llama Minerva, es menor que él.
    c. Dolores tiene otro hermano también, el que se llama Roberto.
    d. La hermana menor de Antonio no va de vacaciones con su padre a Oregón.

4. a. Una carta viene diciendo que la abuela de Antonio está enferma.
    b. La abuela de una persona es el padre de su madre.
    c. Cuando una persona está enferma siempre va a un hospital.
    d. Antes de irse la señora Gómez, llega otra carta para ella diciendo que su padre está enfermo también.

True-false. Put down a T if the sentence is true and an F if false.

5. El tío de Antonio vive en Oregón, pero el hermano del señor Gómez vive en otro estado.

6. A Antonio le gusta la idea de visitar a su tío Pablo.

7. Si van a visitar al tío Pablo, el señor Gómez tiene que dejar su trabajo de verano.

8. Padre e hijo van en tren porque el señor está cansado.

9. El coche casi le pega al señor Gómez.

10. Antonio no se cae porque no tiene miedo.

11. El señor Gómez pone una venda en la rodilla de su hijo.

Completion. Fill in the blanks with the words that make the sentences correct.

12. Van _____ bicicleta el padre _____ su hijo.

13. Cuando llegan _____ un lugar donde el camino sube fuertemente, Antonio tiene un _____.

14. Un coche que viene _____ ellos trata de pasar _____ otro.

15. _____ no chocar con autos, Antonio y su padre van muy a la derecha.

Un viaje memorable en bicicleta—II

Al anochecer, escogen un lugar en un campo al lado del camino para la noche. Allí, bajo un árbol grande, extienden sus mantas en el suelo y se acuestan, esperando levantarse temprano. El señor se duerme pronto, pero Antonio no se puede dormir porque le duele la rodilla.

Un rato después, ya para dormirse, él oye voces. Alguien se acerca. Una voz es de hombre, otra de mujer. Hablan una lengua extranjera. Antonio no puede entender nada. Despierta a su padre. El señor Gómez se levanta pronto. Dirige su linterna eléctrica hacia las voces. Ven a dos personas, un señor y una señora. Traen bicicletas.

Pero no pueden entender lo que dicen. No hablan inglés. El señor Gómez decide hablar español. Posiblemente estas personas puedan hablar esa lengua.

—Si ustedes pueden hablar español, favor de decirme quiénes son.

—Somos alemanes, pero hablamos español. Andamos viajando por los Estado Unidos en bicicleta, como hemos viajado por España y por

al anochecer: at nightfall
escogen: they choose
campo: field
extienden: they spread
mantas: blankets
se acuestan: go to bed
esperando levantarse: expecting to get up
temprano: early
se puede dormir = puede dormirse: couldn't go to sleep
le duele la rodilla: his knee hurt him
un rato después: a little while afterwards
ya para: when about to
se acerca: approaches
mujer: woman
lengua extranjera: foreign language
entender: (to) understand
dirige: directs, "flashes"
linterna eléctrica: flashlight
voces: voices
traen: bring, "have"
puedan: can, are able to
decirme: tell me
somos alemanes: we are Germans
hablamos: we speak
andamos viajando: we are traveling
Estados Unidos: United States
hemos viajado: we have traveled

otros países de Europa. No sabíamos que ustedes estaban aquí. Ibamos buscando un lugar en donde acostarnos por la noche.

—Hay mucho espacio aquí —dice el señor Gómez—. Están ustedes en su casa.

—Muchas gracias, señor.

Y los alemanes escogen un lugar bajo otro árbol, en donde pasan la noche.

Por la mañana tanto los alemanes como los Gómez se levantan temprano. Toman el desayuno juntos, y los alemanes les cuentan sus experiencias en España.

Son muy amables, y a Antonio y a su padre no les gusta ver*los* partir, pero viajan en dirección opuesta. Por eso, se despiden y los Gómez continúan su viaje hacia la casa del tío.

Nada muy interesante pasa en el camino, y llegan a la casa del tío antes del anochecer. Una carta de Chicago les espera, diciendo que la abuela de Antonio ya está mucho mejor. Pasan algunos días con el tío y su familia antes de regresar a casa.

no sabíamos: we did not know
estaban: were
íbamos buscando: we were looking for
espacio: space
están ustedes en su casa: you are welcome here
pasan: they pass
tanto los alemanes como . . . both the Germans and . . .
los Gómez: the Gomezes
se levantan: get up
desayuno: breakfast
cuentan: tell
amable: kind
partir: depart
opuesta: opposite
se despiden: say goodbye
les espera: awaits them
mejor: better
regresar: return

Directions: Take a sheet of notebook paper and number the lines from 1 to 15. Then write the answers to the following test items each after its appropriate number.

Multiple-choice. Put the letter of the true sentence on the line after the number of the item.

1. a. Al anochecer padre e hijo van a un hotel a pasar la noche.
   b. Padre e hijo escogen un lugar en un campo en donde pasan la noche.
   c. Padre e hijo pasan la noche en su coche.
   d. Al anochecer escogen un lugar cerca de una casa y allí padre e hijo pasan la noche.

2. a. El señor Gómez no se duerme pronto.
   b. Después de dos horas el padre de Antonio se duerme.
   c. El padre de Antonio se duerme pronto.
   d. El señor Gómez no duerme en toda la noche.

3. a. El niño Antonio está muy cansado y se duerme pronto.
   b. El hijo del señor Gómez no se puede dormir; por eso se levanta y mira el cielo.
   c. Antonio se levanta y entra en la casa.
   d. A Antonio le duele la rodilla; por eso no se puede dormir.

4. a. Antonio oye la bonita voz de una niña en la noche.
   b. Antonio Gómez oye las voces de un hombre y de una mujer.
   c. La canción de un pájaro despierta a Antonio.
   d. El ruido que hacen algunos niños que juegan a la pelota en el campo despierta a Antonio, y después de eso no se puede dormir.

True-false. Put down a T if the sentence is true or an F if false.

5. La lengua que hablan el hombre y la mujer no es inglés.

6. Con la linterna eléctrica, el señor y su hijo ven a dos personas con dos bicicletas.

7. Las personas de Europa son alemanes, pero hablan español.

8. El señor Gómez no habla la lengua de los extranjeros, pero habla inglés y español.

9. Los extranjeros viajan en la misma dirección que el señor Gómez y su hijo.

10. Los extranjeros se levantan tarde y no toman el desayuno.

11. Una carta de Chicago dice que la abuela de Antonio ya está mucho mejor.

Completion. Fill in the blank with the words that make the sentence correct.

12. Las dos personas quieren un lugar _____ donde pueden _____.

13. El lugar que _____ los extranjeros está bajo un árbol.

14. _____ _____ _____ los Gómez toman el desayuno con sus amigos de Europa.

15. Antonio y su padre _____ ven partir.

Una vísita a un mercado—I

Toluca es una ciudad de más de 100.000 (cien mil) habitantes. Tiene un mercado famoso adonde van muchos turistas que visitan a México. Este mercado está situado en un edificio grande. Los viernes mucha gente va allí, del campo y de los pueblos cercanos. Como no hay bastante espacio dentro del edificio, muchos de los vendedores ponen sus cosas para vender afuera en el pavimento o en el suelo.

En Toluca está la Universidad del Estado de México. El director de la Escuela de Verano de esa universidad, cuyo nombre es Dr. Manuel Martín, invita a unos norteamericanos a visitarlo. Naturalmente, los norteamericanos también quieren visitar el famoso mercado.

Los norteamericanos, estudiantes de la Escuela de Verano de la Universidad Nacional de México, van de la capital a Toluca en dos camiones un viernes del mes de julio. Primero visitan un museo y luego la universidad, en donde escuchan un concierto por una banda militar. En seguida, el Dr. Martín los lleva a la plaza de la ciudad. Allí dejan

adonde: where, to which
los viernes: every Friday
campo: country
dentro del: inside the
vendedores: sellers, merchants
cosas para vender: things to be sold

cuyo: whose
nombre: name

estudiantes: students

mes: month
escuchan: they listen
en seguida: then, immediately
dejan: they leave

los camiones y caminando a pie en dos grupos se dirigen al mercado. Cuando llegan, compran muchas cosas, teniendo que regatear con los vendedores.

—¿Cuánto vale esa canasta?

—Veinticinco pesos, señorita.

—Le doy quince.

—No puedo, a mí me cuesta más que eso.

—Pues le doy dieciocho.

—Veintidós . . . Nada menos.

La señorita empieza a retirarse.

—Llévesela pues en dieciocho, señorita.

Ella le da el dinero y toma la canasta.

—¡Muchas gracias señor!

caminando a pie: walking
se dirigen: direct themselves
compran: they buy
teniendo que: having to
regatear: bargain
¿cuánto vale esa canasta?: how much is that basket worth?
veinticinco: twenty-five
pesos: Mexican "dollars"
señorita: miss
le doy quince: I'll give you fifteen
dieciocho: eighteen
veintidós: twenty-two
retirarse: withdraw, go away
llévesela: take it

Directions: Take a sheet of notebook paper and number the lines from 1 to 15. Then write the answers to the following test items each after its appropriate number.

Multiple-choice. Put the letter of the true sentence on the line after the number of the item:

1. a. Toluca, una ciudad en el estado de México, no está en el país que se llama México.
   b. *Habitante* significa una persona que vive en un lugar. Toluca tiene cien mil habitantes.
   c. Toluca es una parte de la Ciudad de México en donde hay un motel famoso.
   d. El cuento dice que cuando una persona va a México en avión, el primer lugar en donde se para es Toluca.

2. a. Toluca tiene una universidad tanto como un mercado, y el mercado es muy famoso.
   b. El mercado en Toluca es pequeño, pero muchos turistas van allí.
   c. La universidad gobierna el mercado y los profesores están allí.
   d. El mercado de Toluca está en la plaza situada en el centro de la ciudad.

3. a. Todos los días mucha gente del campo va al mercado.
   b. Mucha gente del campo y de los pueblos que están cerca de Toluca va al mercado los viernes.
   c. La gente del campo no va a la ciudad de Toluca; solamente los habitantes de Toluca pueden ir al mercado.
   d. Solamente los turistas norteamericanos compran cosas en el mercado de Toluca.

4. a. Todos los vendedores tienen sus cosas para vender en el suelo dentro del edificio.
   b. Casi todos los vendedores tienen sus cosas para vender en el pavimento afuera del edificio.
   c. Muchos vendedores ponen sus cosas para vender en el suelo de la plaza en el centro de la ciudad.
   d. La mayor parte de los vendedores tienen sus cosas para vender dentro del edificio grande del mercado.

True-false. Put down a T if the sentence is true or an F if false.

5. La Universidad Nacional de México está en Toluca.
6. Un grupo de estudiantes de la Universidad Nacional visitan la Universidad del Estado de México.
7. Los estudiantes van a Toluca en dos camiones.
8. Los norteamericanos visitan la casa del director de la Escuela de Verano.
9. La señorita le da dieciocho pesos al vendedor por la canasta.
10. La señorita tiene que regatear con el vendedor.
11. El vendedor vive en el museo.

Completion. Fill in the blanks with the words that make the sentences correct.

12. En la _____ los estudiantes escuchan un concierto por una banda militar.
13. Después, _____ a la plaza de la ciudad con el director de la Escuela de Verano.
14. Dejan los camiones en la plaza y se dirigen al _____.
15. En el mercado _____ que regatear con los vendedores.

Una vísíta a un mercado—II

Después de comprar todo lo que pueden, los estudiantes están otra vez en la plaza; es decir, todos menos una. ¿Dónde está Dolores? Nadie sabe. El Dr. Martín va a buscarla. Algunos de los estudiantes lo acompañan. Los otros esperan en los camiones. Al fin regresan todos trayendo a Dolores.

—¿Dónde la hallaron? —preguntan todos.

—Con la policía —contesta el doctor.

—¿Qué pasó?

—Dolores misma puede contárselo —dice el doctor.

Dolores está tan agitada que, sin saberlo, habla en el tiempo presente:

—Estoy con ustedes en el mercado. Tengo mi cámara y saco unas fotos. Luego la pongo otra vez en la caja y me la echo a las espaldas, cuidando bien de asegurarme la correa, y entonces los busco a ustedes, pero ya no los veo. Hay mucha gente. Camino hacia la puerta. Un

plaza: public square
es decir: that is to say
buscarla: to look for her
acompañan: accompany
esperan: wait
regresan: they return
trayendo: bringing
hallaron: did you find
preguntan: ask
pasó: happened
misma: herself
contárselo: tell it to you
tan agitada que: so excited that
saberlo: knowing it
tiempo presente: present tense
me la echo a las espaldas: threw it around my back
cuidando bien de: taking care to
asegurarme: to fasten around me
correa: strap
los busco: I look for you
no los veo: I do not see you
camino: I go, walk

hombre choca conmigo y siento cortar la correa de mi cámara a la vez que otro hombre la toma y corre. Lo sigo; pero no puedo recordar la palabra "policía" en español. Recuerdo la palabra "polizei" en alemán. Corriendo, grito "¡Polizei! ¡Polizei!" Nadie me entiende. Tropiezo y me caigo. Un buen señor mexicano me ayuda a levantarme y me acompaña a la policía, a quien le cuento lo sucedido. ¡Qué buena policía tiene Toluca! A la hora tienen arrestados a los ladrones y recobro mi cámara. Mírenla, aquí está. Solamente tiene rota la correa.

Después de oír el cuento de Dolores, el grupo sale en los camiones para México, llegando a las diez de la noche.

siento cortar la correa: I feel the strap being cut
a la vez: at the same time
sigo: I follow

recuerdo la palabra: I remember the word
polizei = po-lit-sigh
alemán: German
grito: I shout
entiende: understands
tropiezo: I stumble
me caigo: fall
ayuda: helps
levantarme: get up
acompaña: accompanies
cuento: I tell
lo sucedido: what happened
a la hora: within an hour
tienen arrestados: they hold under arrest
ladrones: thieves
recobro: recover
mírenla: look at it
rota: broken
oír: hearing
cuento: story
México: Mexico City
a las diez: at ten o'clock

Directions: Take a sheet of notebook paper and number the lines from 1 to 15. Then write the answers to the following test items each after its appropriate number.

Multiple-choice. Put the letter of the true sentence on the line after the number of the item.

1. a. Después de visitar el mercado, todos los estudiantes están otra vez en la plaza.
   b. Cuando los estudiantes están otra vez en la plaza, una de las señoritas no está con ellos.
   c. Uno de los hombres dice que él sabe en donde ella está.
   d. Otro dice que ella está en la universidad.

2. a. El Dr. Martín va solo a la universidad a buscarla.
   b. Algunos de los estudiantes acompañan al Dr. Martín cuando va a buscar a la señorita.
   c. El Dr. Martín y los estudiantes van a la Ciudad de México a buscar a la señorita.
   d. El grupo de estudiantes que buscan a la señorita no van con el doctor; van en otra dirección.

3. a. La señorita que no viene a la plaza al mismo tiempo que los otros estudiantes es Brenda.
   b. El nombre de la señorita que no está con los otros cuando quieren regresar a la Ciudad de México es Sandra.
   c. La señorita a quien están buscando se duerme en el camión, pero nadie la ve.
   d. La señorita que no está entre los estudiantes que regresan a los camiones, todavía está en la ciudad de Toluca.

4. a. Las personas que van a buscar a la señorita regresan sin saber en donde está.
   b. Los estudiantes que la buscan no la traen, pero dicen que saben en donde está.
   c. Un hombre del mercado les dice a los estudiantes que la señorita está en un auto que se va para la Ciudad de México.
   d. Todos los que estaban buscando a la señorita regresan a los camiones trayéndola con ellos.

True-false. Put down a T if the sentence is true or an F if false.

5. Hallaron a la señorita con la policía.
6. Cuando preguntan qué pasó, el doctor dice que la señorita misma puede contar el cuento.
7. La señorita siempre se queda con otros estudiantes, pero no son del grupo de la Universidad Nacional.
8. En el mercado ella pone su cámara en la caja y se la echa a las espaldas.
9. Dolores dice que la policía de Toluca no es buena.
10. La cámara de Dolores tiene rota la correa.
11. El grupo llega a México por la mañana.

Completion. Fill in the blanks with the words that make the sentences correct.

12. Después de poner su cámara en la caja, la señorita no puede _____ los otros estudiantes.
13. En el mercado una persona _____ con ella y toma su cámara.
14. Ella usa la _____ "polizei", que es alemana.
15. Cuando ella corre detrás del hombre que tiene su cámara, _____ _____ y un buen señor la ayuda a levantarse.

Monedas para el reloj de estacionamiento

Juanito Brown y sus padres van en coche a Tijuana. Esta ciudad de
la Baja California está situada muy cerca de los Estados Unidos. Los
Brown cruzan la línea a México en San Ysidro y van directamente al
centro de la ciudad de Tijuana. Pronto se hallan en la Avenida Revolución, donde hay muchas tiendas, especialmente para los turistas norteamericanos.

Cuando pasan El Frontón, Juanito le pregunta a su padre:

—¿Qué edificio es ése?

—No sé, Juanito. Vamos a preguntarle a ese policía. . . . Señor policía, ¿qué edificio es ése, por favor?

—Es El Frontón, donde juegan al jai alai.

—¡Ah! sí, ya sé: el juego como "handball". Gracias, señor. Juanito,
¿recuerdas el juego de jai alai en el cine?

—Sí, papá, recuerdo. ¿Podemos entrar?

—Esta vez no, hijo. Quizás la próxima vez.

Después de mirar El Frontón, los Brown van un poco más lejos y

Baja California: Lower California
cruzan: cross
se hallan: they find themselves, are
tiendas: stores

vamos a: let us
El Frontón: building containing ball courts

juego: game
cine: movie

próxima: next
un poco: a little

ven la plaza de toros y entonces el hipódromo. Dan la vuelta y regresan hacia el centro.

Cuando llegan, el señor Brown estaciona su coche frente a una tienda. Todos bajan y el señor echa mano al bolsillo. Saca una moneda para el reloj de estacionamiento. En el momento en que va a echarla al reloj, un niño mexicano echa una moneda suya a él y extiende la mano para recibir la del señor Brown.

—¿Por qué hace eso el niño, papá? —pregunta Juanito.

—No sé. . . . ¡Ah! ahora caigo. El niño echa una moneda mexicana al reloj. Luego toma la mía, que vale mucho más. Así el niño gana algún dinero.

—Creo que haré lo mismo cuando los mexicanos vayan a nuestro país—dice Juanito.

—¿De veras? —contesta su padre— ¡Perderías! El dinero mexicano no vale tanto como el nuestro.

plaza de toros: bull ring
hipódromo: race track
dan la vuelta: they turn around
estaciona: parks
tienda: store
echa mano al bolsillo: puts his hand in his pocket
saca: he takes out
moneda: coin
reloj de estacionamiento: parking meter
suya: of his
extiende la mano: puts out his hand
para recibir: to receive
caigo: I fall, I "get" it
la mía: mine
gana algún dinero: makes some money
haré lo mismo: I will do the same
vayan: go
de veras: really
perderías: you would lose
el nuestro: ours

Directions: Take a sheet of notebook paper and number the lines from 1 to 15. Then write the answers to the following test items each after its appropriate number.

Multiple-choice. Put the letter of the true sentence on the line after the number of the item.

1. a. Juanito Brown se queda en San Ysidro cuando sus padres van a Tijuana.
   b. Tijuana está en California y San Ysidro está en México.
   c. Tijuana y San Ysidro están en Baja California.
   d. El señor y la señora Brown y Juanito van al centro de Tijuana.

2. a. La gente puede ver los toros porque están en un camión en la Avenida Revolución.
   b. Si una persona quiere ver un juego de jai alai, tiene que ir a El Frontón.
   c. Muchas veces juegan al jai alai en la plaza de toros porque no hay bastante espacio en la calle.
   d. Algunas veces los toros están en El Frontón.

3. a. Cuando los Brown pasan El Frontón, el señor Brown le dice a su hijo que allí juegan a la quemada.
   b. La madre sabe que el edificio es El Frontón y que allí juegan a la pelota.
   c. El policía no sabe cómo se llama el edificio.
   d. El señor Brown le pregunta al policía qué edificio es, y el policía dice que es El Frontón.

4. a. En la Avenida Revolución hay muchas tiendas.
   b. Hay muchas tiendas en la plaza de toros.
   c. No hay mexicanos en la Avenida Revolución.
   d. Pocos norteamericanos van a Tijuana, y los que van no entran en las tiendas.

True-false. Put down a T if the sentence is true or an F if false.

5. Juanito recuerda el juego de jai alai, pero no juega al jai alai.

6. El niño quiere entrar en El Frontón para ver un juego de jai alai.

7. Los Brown van a regresar a El Frontón después de un mes y entonces van a ver un juego de jai alai.

8. Suben a su coche y van alrededor de El Frontón.

9. Juanito dice que hará lo mismo cuando regresa a su país.

10. El dinero mexicano vale más que el dinero norteamericano.

11. El niño cambia las monedas para ganar algún dinero.

Completion. Fill in the blanks with the words that make the sentences correct.

12. Después de llegar otra vez al centro de la ciudad, el señor Brown estaciona el auto _____ _____ un edificio en donde hay cosas para vender.

13. Todos los Brown bajan del coche y el padre de Juanito echa mano al bolsillo y _____ una moneda.

14. El señor va a _____ al reloj de estacionamiento.

15. Pero un niño mexicano lo hace _____ con una moneda suya.

El gato en el montón de leña

Un gato vive en nuestro montón de leña. No sabemos exactamente cómo existe. No le damos de comer. A nuestra madre no le gustan los gatos porque matan los pájaros. Este gato mata los pájaros que viven cerca de la casa, pero también mata los topos. Esto sí le gusta a mamá.

El perrero nos da una trampa para coger el gato. Ponemos un pedazo de carne en ella y nos vamos. Al día siguiente vemos que la carne todavía está allí. Pasan algunos días y no vemos el gato.

Mamá está muy contenta porque cree que el gato se ha ido. Ahora

montón de leña: woodpile
sabemos: we know
damos de comer: we feed
gatos: cats
matan: they kill
gato: cat
mata: kills
topos: gophers
sí: indeed
perrero: dog-catcher
trampa: trap
para coger: to catch
ponemos: we put
nos vamos: go away
al día siguiente: the following day
vemos: we see
contenta: happy
se ha ido: has gone away

sus pájaros podrán volar alrededor de la casa sin miedo al gato y nosotros podremos verlos en el baño que está bajo el árbol frente a la casa. Nos gusta su cantar. También nos gusta mirarlos volar de árbol en árbol.

Pero cierto día vuelve a aparecer el gato. Esta vez mamá lo ve mirando muy quieto a un topo. Otra vez colocamos la trampa para cogerlo y ponemos la carne como antes. A la mañana siguiente nos asomamos. Esta vez sí tenemos nuestro gato. Nos acercamos. El no es muy amable. Maúlla mucho. No le gusta la trampa.

Lo curioso es que oímos otros maullidos, además de los del gato en la trampa. Proceden del montón de leña. Con mucho cuidado mamá examina el lugar de donde vienen. Quita uno por uno los leños del montón. Allí, en una especie de cama, halla tres gatitos.

—¡Ay, qué bonitos! —decimos nosotros los niños. —No se los daremos al perrero. Nos quedaremos con ellos.

—¿Les gustan más los gatitos que los pájaros? A mí me gustan más los pájaros.

Unos niños vecinos corren a sus casas a preguntarles a sus madres si pueden tener los gatitos. Las madres dicen que sí. Todos estamos contentos. Los gatitos, por fin, tienen casa.

Pero la vieja gata está tan enfurecida que el perrero tiene que llevársela.

podrán: will be able
miedo al gato: fear of the cat
nosotros podremos: we'll be able
mirarlos: watch them
de árbol en árbol: from tree to tree
cierto día: on a certain day
vuelve a aparecer: appears again
topo: gopher
colocamos: we place
cogerlo: catch it
a la mañana siguiente: the following morning
nos asomamos: we take a look
nos acercamos: we approach
maúlla: it mews
lo curioso: the peculiar thing
maullidos: miaows (meows)
además de: besides
cuidado: care
uno por uno: one by one
leños: sticks of wood
especie: kind
halla: she finds
gatitos: kittens
ay, qué bonitos: how pretty
no se los daremos: we will not give them
nos quedaremos con: we will keep
a mí me gustan: I like
preguntarles a sus madres: to ask their mothers
dicen que sí: say yes
por fin: finally
tienen casa: have a home
vieja gata: old cat
enfurecida: enraged
llevársela: take her away

Directions: Take a sheet of notebook paper and number the lines from 1 to 15. Then write the answers to the following test items each after its appropriate number.

Multiple-choice. Put the letter of the true sentence on the line after the number of the item.

1. a. Un gato vive en nuestra casa.
   b. Un perro y un gato viven en nuestro montón de leña.
   c. En nuestro montón de leña vive un gato.
   d. El gato entra en la casa a dormir.

2. a. Le damos de comer al gato todos los días.
   b. El gato va a comer con la familia en la casa.
   c. El perro y el gato comen juntos en el piso.
   d. Nunca le damos de comer al gato.

3. a. A nuestra madre no le gustan los pájaros.
   b. Los gatos matan los pájaros y por eso nuestra madre está contenta.
   c. A nuestra madre no le gustan los gatos.
   d. A nosotros nos gustan los topos porque nos hablan todos los días.

4. a. *Topo* significa insecto que vive en un montón de leña.
   b. *Gato* significa gran amigo de perros.
   c. *Perrero* es un hombre que tiene que coger perros y gatos.
   d. *Familia* es un grupo de gatos, perros y topos.

True-false. Put down a T if the sentence is true or an F if false.

5. Tenemos una trampa, pero no tenemos carne para ponerla en ella.

6. Si el gato se ha ido, los pájaros pueden volar sin miedo.

7. Regresa el gato y mamá lo ve jugando con los pájaros; parecen buenos amigos.

8. Después de poner la trampa para coger el gato, una mañana lo vemos en ella.

9. Todos los gatitos tienen casa.

10. Los gatitos miran los topos.

11. La vieja gata está contenta.

Completion. Fill in the blank with the words that make the sentence correct.

12. Cuando nos _____, el gato maúlla mucho.

13. Pero otros maullidos vienen del _____ ___ _____ y mamá examina el lugar con cuidado.

14. El cuento no lo dice, pero mamá probablemente toma los gatitos de su cama _____ _____ _____.

15. Los niños dicen que no van a darle los gatitos al perrero; dicen que van a _____ con ellos.

Vocabulary

VOCABULARY

Each word form used is listed separately in alphabetical order. A number of word phrases are also listed under the first verb occurring in the phrase or, if no verb is included, under the first noun or principal word in the phrase. The numbers indicate the story in which the word or phrase is first introduced.

A

a at, to, "on" 1
abajo down (8)
abuela grandmother 13
abuelos grandparents 9
accidentes accidents 13
aceptar to accept 18
acerca bring near 14
  se acerca to approach 14
  acerca de about 5
acercamos to bring near 18
  nos acercamos we approach 18
acompaña accompanies 16
acompañan accompany 16
acostamos we put to bed 11
  nos acostamos we go to bed 11
acostarnos to go to bed 11
  tiempo de acostarnos time
    for us to go to bed 11
acostarse to go to bed 11
acuesta puts to bed, he puts to bed (1)
  se acuesta goes to bed 1
acuestan put to bed 14
  se acuestan go to bed 14
además besides 18
  además de besides 18
adonde where, to which 15
aeroplano airplane 4
afuera outside 6
agitada excited 16
agosto August 13
agua water 7
aguantar stand (put up with) 10
ah ah 17
ahora now 2
al to the, at the, "of the" 1
alemán German 16
alemanes Germans 14
algo something 2
alguien somebody 14
alguna some 7
algunas some 1
algunos some 2
alma soul 10
alrededor around 1
  alrededor de around 1
alto high 4
  el más alto the highest 4
altos high 4
allí there 1
ama de casa housewife 13

amable friendly 14
amables friendly, kind 9
amiga friend 1
amigas friends 6
amigo friend 2
amigos friends 1
andamos we go, we walk 14
  andamos viajando we are
    traveling 14
ángeles angels 4
anochecer nightfall 4
  al anochecer at nightfall 14
antes before that 7
  antes de before 7
  antes del before the 14
año year 3
años years 3
aparecen appear 13
aparecer to appear 18
aquí here 3
árbol tree 7
  de árbol en árbol from tree to
    tree 18
árboles trees 7
armazón section of shelving
  in supermarket 12
armazones sections of
  shelving in supermarket 12
artículos articles 12
arrestados arrested 16
arriba up, above 8
así this way, thus 4
asiento seat 6
asientos seats 6
asomamos we appear 18
  nos asomamos we take a look 18
atención attention 8
aún even 10
auto automobile, car 2
avenida avenue 17
avión airplane 4
ay oh 18
ayuda helps 16

B

baja low 17
  Baja California Lower California 17
bajamos we lower 8
  nos bajamos we get off 8
bajan go down, get off, get out 6
bajando getting off 9
bajarme to lower myself, to get off 8
bajo under 7

banda band (musical group) 15
baña bathes 11
  se baña takes a bath 11
baño bath, bathroom, birdbath 7
basta it is enough 10
  basta de ese cantar enough of that
    singing, quit that singing 10
bastante enough 6
bicicleta bicycle 13
  en bicicleta on bicycles,
    on a bicycle 14
bicicletas bicycles 14
bien well 6
blanco white 2
boleto ticket 9
boletos tickets 8
bolsillo pocket 17
bondad kindness 12
bonita pretty 13
botellas bottles 12
buen kind, good 16
buena good 7
  buena con nosotros good
    to us 7
buenas good 6
bueno good 2
buenos good 2
burro burro, donkey 2
buscando looking for 14
buscarla to look for her 16
busco I look for 16

C

cada each 9
cae falls 1
  se cae falls down 1
caen fall 12
  se caen fall down 12
caer to fall 4
  hizo caer algunas botellas made
    some bottles fall 12
caerse to fall down 12
café coffee, cup of coffee 6
  color de café brown in color 11
caigo (I) fall, I "get it," I understand 16
  me caigo (I) fall down 16
caja box, case (for camera) 16
calla he becomes silent (stops
  singing) 10
cama bed 1
cámara camera 5
camas beds 11

caminando going, traveling 15
caminar walk 8
camino I travel, I move 16
camino road 2
camión bus 5
camiones buses 5
campo field, country 14
canasta basket 15
canciones songs 10
cansado tired 1
canta he sings, sings 10
cantan they sing 10
cantar to sing 10
capital capital 11
capitán captain 6
cara face 1
carnaval carnival 8
carne meat 18
carta letter 13
carrera race, race track 17
casa house, home 1
  a casa home 1
  en casa at home 1
casas houses 18
casi almost 4
castigo punishment 6
cayeron fell 12
  se cayeron fell down 12
centro center, downtown, business
    section of a city 5
cerca near 4
  cerca de near 4
cercano nearby 12
cercanos nearby 15
cielo sky 4
cien one hundred 15
cierto certain 18
cinco five 3
cine movies 17
ciudad city 5
clase class 3
clases classes 3
cliente customer 12
club club 6
coche car, coach 6
coche-cama sleeping car 6
coche-club club car 6
coche-comedor dining car 9
coches cars, automobiles 13
coger to catch 18
cogerlo to catch it 18
cojo I pick up 12
cola tail 2
colocamos we place 18
color color 11
comen they eat 7
comer to eat 7
comérnosla eating it 7
comida dinner, meal 12
como like, as 1
cómo how 3
cómodo comfortable 11

cómodos comfortable 6
compañía company 9
compra buys 12
compramos we buy 5
compran they buy 15
comprar to buy, buying 2
con with 1
concierto concert 15
conmigo with me 4
por consiguiente consequently 13
contárselo tell it to you 16
contenta happy 18
contento happy 2
contentos happy 2
contesta answers 16
contestar answer 12
continúa he continues 10
continuamos we continue 11
continúan continue 13
conversación conversation 3
corta short 3
cortar to cut, being cut 16
corre runs, he runs 1
correa strap 16
corren run 1
corriendo running 11
  voy corriendo I come running 11
corro I run 12
cosas things 6
cree believes, she believes,
    she thinks 4
creen believe 5
  ¿creen ustedes? do you believe? 5
  ¿quiénes, creen ustedes, que bajan?
    who do you think get off? 9
creo I believe, I think, "I guess" 9
cruzan cross 17
cuando when 1
cuánto how much 15
cuántos how many 3
cuarto room 10
  cuarto de baño bathroom 10
cuello neck, collar
  a voz en cuello at the top of his
    voice 10
cuenta tells 11
cuentan tell 14
cuento I tell, I relate 16
cuento story 16
cuesta costs 9
cuidado care 18
cuidando taking care 16
  cuidando bien de taking
    great care (to) 16
cuidarla to take care of her 13
culpa blame 12
curioso curious 18
  lo curioso the peculiar thing 18
cuyo whose 15
choca collides 2

choca con runs into 2
chocamos we collide 4
chocar to collide 4

D

da gives, he gives, she gives 2
  da vuelta turns 13
  les da she gives them 5
damos we give 18
  damos de comer we feed 18
dan they give 17
  dan la vuelta they turn around 17
daño harm, damage 11
daremos we will give 18
de of, from, with, than, in 1
debe ought, must 13
decide decides 14
decimos say 18
decir say, to say 8
  yo no puedo decir nada I can't say
    a thing 12
decirme tell me 14
defecto defect 12
deja quits, stops, leaves 10
  deja de quits, stops
dejan they leave 15
dejar to leave; to quit, to stop 7
del of the, from the 2
  la del señor Brown that of Mr.
    Brown, Mr. Brown's 17
dentro within 15
  dentro del inside the 15
derecha right (to the right) 13
desayuno breakfast 14
desde from 2
desean desire 5
desobedientes disobedient 6
despiden they see off 14
  se despiden they say goodbye to
    one another 14
despierta awaken, wake up 1
  se despierta wakes up, he wakes
    up 1
después afterwards 1
  después de after 1
detenerlo stop him 10
detrás behind, following, back 13
día day 2
  al día siguiente the following day 18
  cierto día a certain day 18
días days 2
  todos los días every day 7
dice says, he says 3
dicen say, they say 4
  ¿qué se dicen? what do they say
    to each other? 7
  dicen que sí say yes 18
diciendo saying 13
dieciocho eighteen 15

en dieciocho for eighteen 15
diez ten 3
   a las diez at ten o'clock 16
diferente different 11
diferentes different 6
dígame tell me 3
digo say, I say 8
dinero money 2
dio gave 12
   ¡que susto me dio! boy! how it
      scared me!
directamente directly 17
director director 15
dirige he directs, "flashes" 14
dirigen direct 15
   se dirigen go 15
divertir to amuse 8
doctor physician, doctor 16
donde where 2
   en donde where, in which 9
dónde where 16
dormimos we sleep 11
dormir to sleep 14
dormirse go to sleep 14
dos two 3
doy I give, I will give 12
   le doy las gracias I thank him 12
Dr. doctor 15
   el Dr. Martín Dr. Martin
duele hurts 14
   le duele la rodilla his knee hurts
      him 14
duerme sleeps 1
   se duerme goes to sleep 1
dulces candies 5
durante during 4

E

e and 13
echa throws, puts
   echa mano al bolsillo puts his hand
      in his pocket 17
echar to put 17
   echarla al to put it into the 17
echo (I) throw 16
   me la echo a las espaldas sling it
      around my back 16
edad age 9
edificio building 4
edificios buildings 4
el the, the one 1
él he, him, it 2
El = él or el 18
eléctrica electric 14
ella she, her, it 1
ellas them 5
ellos they, them 1
empieza starts 8
empleado employee 12

en in, on, about, at by, "for," "to" 1
encuentra finds 3
enferma sick 13
enfermo sick 8
enfurecida infuriated, ferocious,
   angry 18
entender understand 14
entiende understands 16
entiendo I understand 17
entonces then 4
entra enters 1
entrar go into 17
entre among 8
eres you are 8
es is, she is, he is, is he 1
   es todo that's all 8
   es decir that is to say 16
esa that 8
esas those 10
escalera stairway, steps 6
escapa escapes 13
   se escapa escapes 13
escogen choose, they choose 14
escogiendo choosing 12
escuchan they listen to 15
escuela school 1
   escuela de verano summer school 15
escuelas schools 6
ese that 9
ése that 11
Ese = ése or ese 11
eso that 3
esos those 11
espacio space 14
espaldas back 16
español Spanish 13
especialmente especially 17
especie kind 18
espera awaits 14
   les espera is waiting for them 14
esperan wait 16
esperando expecting 14
esposa wife 10
esposo husband 10
esta this 7
está is, he is, she is, it is
estaban were 14
estación station 5
   estación de camiones bus station 5
estaciona parks 17
estacionamiento parking 17
estado state 3
estados states 14
   Estados Unidos United States 14
estamos we are 3
están are 2
   están para caerse are about to
      fall 12
   están ustedes en su casa you are
      welcome here (you are in your
      house)
estas these 14

este east 9
este this 3
éste this 4
Este = éste or este
esto this 4
   en esto at this moment 8
estos these 4
estoy am, I am 3
estudiantes students 15
estudio I study 3
evitar avoid 13
exactamente exactly 18
examina examines 13
examinamos examine 12
existe it exists 18
experiencias experiences 10
extendidos extended, spread out 15
extiende extends, holds out 17
   extiende la mano puts out his
      hand 17
extienden they extend, they spread
   out 14
extranjero foreign, foreigner 14

F

familias families 10
famoso famous 15
favor favor 3
   favor de please 10
   por favor please 3
feria fair 18
fin end 8
   al fin finally 8
   por fin finally 18
fortuna fortune 8
foto photo, photograph, picture 5
fotografías photographs, pictures 5
fotos photos, photographs, pictures 5
frente front 2
   frente al in front of the 2
   frente a in front of 17
frontón court 17
   El Frontón building containing the
      jai alai courts 17
fruta fruit 7
frutas fruits 12
fue went 11
fuera outside 13
   fuera de eso other than that 13
fuertemente strongly, sharply 13
función performance 11
futuro future 12

G

gana gains, makes 17
gata cat 18
gatitos kittens 18

gato cat 18
gatos cats 18
gente people 8
gobierna controls, governs 8
gracias thanks, thank you 12
gran big 8
grande big 4
   al más grande to the biggest 5
grita he yells, he shouts, she shouts, he calls
grito I shout, I yell 16
grupo group 5
grupos groups 15
gusta pleases, it pleases 8
   me gusta I like 8
gustan please, they please 9
   le gustan he likes 9
gustaría would please 13
   le gustaría he would like 13

H

has has 18
   se ha ido has gone away 18
habitantes inhabitants 15
habla speaks, talks, she talks 3
hablamos we speak 14
hablan talk, they talk 6
hablar to speak, speaking 3
hace does, makes, it makes 11
   hace algunos años some years ago 11
hacen make, do 6
   se hacen become 6
   no hacen daño they are harmless 11
hacer do, to do, to make 2
hacerlo to do it 12
hacia toward 1
   hacia abajo downward (down the hill) 13
hallan they find 17
   se hallan they find themselves 17
hallaron did you find 16
haré I will do 17
hasta to, until 2
hasta el pueblo to town 2
   hasta donde over to where 12
   hasta que until 13
hay there is, there are 3
   hay mucha gente there are many people 16
hemos we have 14
   hemos viajado we have traveled 14
hermana sister 1
hermanita little sister 9
hermano brother 13
hija daughter 3
hijas daughters 3
hijo son 8
   hijo mío my son 8

hijos children, sons 3
hiriéndose wounding himself, hurting himself 13
   hiriéndose la rodilla hurting his knee 13
hizo made 12
hombre man 2
hora hour 16
   a la hora within an hour 16
horas hours 6
horribles horrible 11
hospital hospital 2
hoy today 3
humilde humble 10

I

íbamos were going, we were going, were on our way 11
   íbamos buscando we were looking for 14
idea idea 13
identificación identification 3
ido gone 18
importancia importance 13
inglés English 3
inmediatemente immediately 13
insectos insects, bugs 11
interesado interested 12
interesante interesting 3
invita invites 15
ir go, to go 2
   ir de vacaciones to go on a vacation 13

J

jai alai a game very much like handball 17
jefe chief, head (of a group) 10
juega plays, he plays 1
   juega a la pelota plays ball 1
juegan play, they play 1
   juegan a la quemada play tag 6
juego game 17
juegos games 8
jugar to play 1
   después de jugar after playing 1
juguetes toys 12
julio July 15
juntos together 14

L

la the, the one; her, it 1
   a la de él to his (to the one of him) 2
   la que the one that 10

lado side 6
ladrones thieves 16
lame licks 1
largos long 12
las the 3
lástima pity 8
   ¡qué lastima! what a pity! 8
latas cans 12
le you, him, her, it; to you, to him, to her, on him 1
lejos far 1
lengua tongue, language 14
   lengua extranjera foreign language 14
lentamente slowly 8
leña firewood 18
leños sticks of firewood 18
les you, them, to them 5
letras letters (of alphabet) 3
levanta raises, he raises 6
   se levanta gets up, he gets up 6
levantan raise 14
   se levantan get up 14
levantarme to get up 16
levantarse to get up 14
limpias clean 11
linea line 17
linterna lantern 14
   linterna eléctrica flashlight 14
líquido liquid 12
lo him, it, the 2
   lo curioso the peculiar thing 18
   lo que what, that 7
locamente wildly, crazily 13
los the, the ones, those, you, them 1
   los Gómez the Gomezes
luego then 1
lugar place 4

LL

llama calls, he calls, she calls, it calls, call
   ¿cómo se llama usted? what is your name? 3
   se llama calls itself, is called, he is called, it is called, his name is, her name is 4
llamamos we call 8
llaman call, they call 4
   se llaman they call themselves, they are called 11
llamar call 10
   llamar suya su propia alma to call his soul his own 10
llamarla to call her, to call you 3
llamo I call 3
   me llamo my name is 3
llega arrives, it arrives 1
llegan they arrive 13

lleva carries, he carries; takes, he takes 2
    se lleva takes away 2
llévesela take it, then 15
llevársela to take her away 18
lluvia rain 7

M

madre mother 1
madres mothers 6
maestro man teacher 1
    maestro de escuela schoolteacher 13
maíz corn 2
mala bad 8
malo bad 10
mamá mother, mama 11
manda commands, be in command 10
mano hand 11
mantas blankets 14
mañana morning 11
    a la mañana siguiente the following morning 18
    por la mañana in the morning 11
mapa map 11
más more 2
mata kills 18
matan they kill 18
maúlla it mews 18
maullidos meows 18
me myself, me 3
mecánico mechanic 13
médico physician, doctor 9
mejor better, best 4
memorable memorable 13
menor younger 13
menos less 13
mercado market 12
mes month 15
mexicana Mexican 17
mexicano Mexican 16
mexicanos Mexicans 17
México Mexico 15
    Estado de México one of the states of the Mexican Republic 15
mí me 4
mi my 3
mía mine 17
    la mía mine 17
miedo fear 13
    miedo al gato fear of the cat 18
miembros members 10
mil thousand 15
militar military 15
millas miles 13
minutos minutes 11
    por pocos minutos for a few minutes 11
mío mine, of mine 8
mira looks at 4

mira look (a command), look at (a command) 9
miran look at, they look at 4
    se miran they look at each other 7
mirando looking at, taking a look at 9
mirar to look at, looking at 9
mirarlos watching them 18
mírenla look at it 16
mis my 9
misma same, herself 3
mismas same, selves 3
    por sí mismas by themselves 12
mismo same, very 10
    el mismo que the same as 10
    en ese mismo momento at that very moment 12
    lo mismo the same 17
momentito moment 3
momento moment 4
moneda coin 17
    una moneda suya one of his own coins 17
montado mounted 2
montón pile
    montón de leña woodpile 18
motel motel 11
motor motor 4
moverse to move, to move oneself, moving, moving himself 2
mucha much 7
muchas many 2
mucho very much 1
muchos many 1
mueve moves 2
    no se mueve will not move 2
mujer woman 14
museo museum 15
muy very 1

N

nacional national 15
nada nothing 2
    nada ni nadie nothing!—nobody! (could stop him) 18
nadie nobody 10
naturalmente naturally 6
Navidad Christmas 9
necesito I need 9
ni nor 10
niña girl 3
niñas girls 1
niño boy 1
niños boys 1
    niños vecinos children from the neighborhood 18
no no 1
noche night 9

noches nights 9
nombre name 15
norteamericana American 5
norteamericanos American 15
nos us, to us, ourselves 7
nosotros we, us 7
    todos nosotros all of us 12
novedad novelty 13
    sin novedad "without a scratch" 13
nuestra our 5
nuestro our
    el nuestro ours 17
nueve nine 6
nunca never 10

O

o or 3
ocupa occupies 10
oeste west 9
oímos we hear 18
oír hearing 16
ojalá God grant, I hope so 3
olvida forgets 9
olvidan forget 6
óperas operas 10
opuesta opposite 14
ordinario ordinary, regular 6
otra other, another 3
otras other 12
otro another, other, another man 3
otros other, others
oye hears 14
oyen hear 10

P

padre father 1
padres parents 17
pagar to pay 2
país country 11
países countries 14
pájaros birds 7
palabra word 16
pálido pale 12
papá papa, father 8
papeles papers 15
para for, in order (to), to 5
para stops 2
    se para stops, it stops 2
paramos we stopped 11
paran stop 13
    se paran stop 13
parece seems, he seems, it seems 2
parecen they seem, they appear 7
    se parecen a they resemble, look like 11
pared wall 11

parte part 5
partes parts 6
partir depart 14
pasa passes, happens
pasamos we pass 8
pasan they spend, they pass 14
pasar to pass 13
pasillo aisle 6
pasó happened 16
pavimento pavement 15
pega hits 1
   le pega a José hits José 1
   le pega al maestro hits the teacher 1
pegan strike, hit 6
   les pegan hit them, spank them 6
peligrosa dangerous 8
peligrosos dangerous 11
pelota ball 1
pensar to think 7
   pensar en think about 7
pequeña small 11
perderías you would lose 17
perdón pardon 12
permanente permanent 4
permite you permit, will you permit 3
permito I permit 8
pero but 3
personas persons 5
perrero dog catcher 18
perro dog 1
pesos pesos, Mexican money 15
pide asks 12
   me pide perdón begs my pardon 12
pie foot 2
   a pie on foot 2
pijamas pajamas 11
pintado painted 11
pirámides pyramids 5
piso floor 12
placer pleasure 3
plaza plaza, town square 15
   plaza de toros bull ring 17
poca little 18
poco little 17
pocos a few 9
podemos we can, can we, may we 3
podrán will be able 18
podremos shall be able 18
Polaroid (English) trademark of a
   camera 5
policía police 16
politzei (German) police (pronounced
   po-lit-sigh) 16
pone puts, he puts 2
  se pone enfermo gets sick 8
  se pone sus pijamas he puts on
    his pajamas 11
ponemos we put 18
ponen they put 2
poner to put 7
ponerme to become 8

pones you put 8
   tú no te pones you don't become 8
pongo I put 7
  me pongo I become 8
populares popular 10
por by, for, through, because of, as a,
   in, over (the radio), on (the radio),
   "to get" 1
  por eso therefore, for that reason,
    about that 6
  ¿por qué? why? 8
porque because 1
portarse to behave themselves 6
posiblemente possibly 9
pregunta asks 4
preguntan they ask 16
preguntar ask, to ask 17
prepara prepares 11
  se prepara is getting ready 11
preparan prepare 13
  se preparan get ready 13
presente present 16
presta lends 8
  no presta atención pays no
    attention 8
primer first 13
primero first 13
principio beginning 8
  al principio at first 8
probablemente probably 11
problema problem 5
proceden they come 18
profesor man teacher 3
profesora woman teacher 3
promesa promise 6
prometen they promise 6
pronto soon, quickly 1
  de pronto suddenly 6
  más pronto sooner 10
propia own 10
propios own 10
próxima next 17
pudiendo being able 16
pueblo town 2
puedan can, are able to 14
puede can, is able, they can 8
  no se puede dormir = no puede
    dormirse can't go to sleep 14
pueden they can 16
puedo I can, can I, may I 8
puerta door 10
pues why, well 3
Púllman Pullman car, sleeping car 6

Q

que that, which, who, as than 1
  no más que no more than 4
qué what, what a, how 3
  ¿qué son? what are they? 11

queda remains, there remains 5
  se queda remains 11
quedan remain 6
  se quedan remain 6
quedaremos we will remain 18
  nos quedaremos con we will keep
    (them) 18
quedarse to remain 6
quemada tag (a game) 6
quien who 11
quién who?, whom? 3
quiénes who? 9
quiere wants, wants to, wishes,
   loves, he loves 2
quieren they wish 15
quiero I wish 8
quieto quiet 18
quince fifteen 15
quinto fifth 3
quisiera I would like 8
quita removes, she removes 11
  se quita la ropa takes off
    his clothes 11

R

radio radio 3
rancho ranch 2
rápidamente rapidly 6
rasca scrapes 4
rascacielos skyscraper 4
rato a short while 14
  un rato después a short while
    afterwards 14
razón reason 7
recibir to receive 17
recobro recover 16
recordar to remember 16
recuerdas you remember, do you
   remember 9
recuerdo remember, I remember, I
   do remember 9
regatear to bargain 15
regresan return, they return 16
regresar returning 14
reloj clock 17
  reloj de estacionamiento parking
    meter 17
repente sudden 13
  de repente suddenly 13
respeto respect 10
responde answers 4
responden answer, respond 6
resto rest 8
retirarse to withdraw, to go away 15
revolución revolution 17
rey king 10
rico rich 2
rodilla knee 13
rompiéndose getting all smashed up 12
ropa clothes 11
rota broken 16

rueda wheel 8
   la gran rueda Ferris wheel 8
   rueda de la fortuna Ferris wheel 8
ruido noise 12

S

sabe knows, he knows 2
sabemos we know 18
saberlo knowing it 16
sabes know 8
sabíamos we knew 14
   no sabíamos we didn't know 14
saca takes out, he takes out 5
sale comes out, goes out, leaves 1
   sale de leaves 1
salgo I come out, go out 7
saludarle to greet you 3
se himself, herself, itself, yourself,
   themselves, to herself, to themselves, to each other, each other,
   one another 1
se to him (**se** takes the place of **le**
   when it precedes **lo** or **los**)
   no se los daremos we will not give
   them to him 18
sé I know 7
sección section 12
seguida continued, successive 15
   en seguida next, then 15
sentamos we seat 8
   nos sentamos we sit down
señor mister, Mr., sir, gentleman 3
   el señor Mr., ''he'' 9
   el señor Brown Mr. Brown 17
   el señor Gómez Mr. Gomez 13
señora lady, Mrs. 5
   la señora Gómez Mrs. Gomez 13
señorita Miss 15
ser to be, being 6
   por ser for being, because they
   had been 6
setenta seventy 13
si if 4
sí yes; themselves; indeed, decidedly,
   for sure 3
siempre always 10
siente regrets 3
siento I regret, I feel 16
   siento cortar la correa I feel the
   strap being cut 16
significa means, signifies 3
sigo I follow 16
siguiente following 18
sin without 7
situada situated, located 17
situado situated, located 15
sobre on, over 2
solamente only 3
solo alone 8

somos we are 14
son are, you are, they are 2
sorpresa surprise 5
Sr. señor 3
su his, her, your, their 1
sube climbs, becomes steeper 13
suben climb 6
subimos we climb 8
   subimos a we get on 8
subir to climb 8
   subir a to get on 8
sucedido happened 16
   lo sucedido what happeened 16
suelo ground 4
suerte luck 8
sus his, her, their, your 1
susto fright, scare 12
suya his, his own 10

T

también also, too 1
tan so 4
tanto so much, as much 12
   tanto . . . como both . . . and 14
tarde late 2
   más tarde later 2
te you 8
teatro theater 11
techo ceiling 11
temprano early 14
tendremos we will have 9
tenemos we have 18
tengo have, I have, have I 3
   tengo diez años I am ten years
   old 3
teniendo having 15
   teniendo que having to 15
terco stubborn 8
termina ends 10
terremoto earthquake 4
tiempo time 1
tienda store 17
tiendas stores 17
tiene has, he has, she has, it has,
   have 2
   usted tiene razón you are right 7
   tiene — años be — years old 3
   tiene que has to 13
tienen have, you have, they have,
   they hold 2
   ¿cuántos años tienen? how old are
   they 3
   tienen arrestados they hold under
   arrest 16
   tienen casa they have a home 18
   tienen que pagar have to pay 12
   tienen razón (you) are right 9
tienes do you have 12
   ¿qué tienes? what's the matter?
tijeras scissors 11

tijerillas scissor-like insects 11
tío uncle 13
tocar to touch, touching 12
tocarlos to touch them 12
toda all 8
todas all 6
todavía yet, still 5
todo all 8
todos all 2
toma take, takes, he takes, she takes 5
tomamos we take 5
toman they take, they drink, they eat 7
tomar to take, to drink, taking 5
tomates tomatoes 12
tomo I take 16
tomó took 5
topo gopher 18
topos gophers 18
toros bulls 17
trabaja works 13
trabajo work 13
traen they bring, they ''have'' 14
trampa trap 18
tranvía streetcar 5
tratan treat 10
tratando handling, dealing 13
   tratando de trying (to) 13
trayendo bringing 16
treinta thirty 6
tren train 6
trenes trains 9
tres three 3
triste sad 2
tristes sad 4
tristeza sadness 9
tropiezo I stumble 16
tu your 9
tú you 8
tuerce twists 2
   le tuerce la cola he twists its tail 2
turistas tourists 15

U

última last 9
un a, an, one 1
una a, an, one 1
unas some 11
unidos united 14
universidad university 15
uno one 6
   uno por uno one by one 18
unos some 18
usarlo use it (to use it) 9
usted you 3
ustedes you 5

V

va go, you go, goes, he goes, it goes,
   is going, are going, you are going,
   he is going 1

mucha gente va many people go 15
  se va goes away, off 1
vacaciones vacations, vacation 9
  vacaciones de Navidad Christmas
    vacation 9
vale worth 15
  ¿cuánto vale? how much is it
    worth 15
vamos go, we go, we are going,
  let us, let us go 3
  nos vamos we go away 18
  vamos a we are going (to), let us,
    let us go 5
  vamos a comer let us eat 7
  vamos a pensar let us think 7
van go, are going, they go, they
  are going 2
  se van go away, leave 6
varios several 8
vas you go 8
  no vas don't go
vayan (that) they go, go, "come" 15
  a que vayan to go 15
ve sees, he sees 1
veces times 1
  muchas veces many times, often 2
vecina neighbor 7
vecindad vicinity, neighborhood 11
vecinos neighbors 10
veinticinco twenty-five 15
vemos we see 18

ven they see 6
  ven a los niños they see the boys,
    do (you) see 6
venda bandage 13
vende sells 2
vendedores vendors, sellers,
  merchants 15
venden they sell 2
vender to sell 5
  cosas para vender things to sell 15
venimos we come 7
ventana window 6
ventanas windows 9
veo I see 11
ver to see 6
verano summer 13
veras: de veras really 17
verduras vegetables 12
verlas to see them 9
  a verlas to see them 9
verlo to see it 2
verlos to see them 12
vez time 7
  a la vez at the same time that 16
  otra vez once more, again 7
viajado traveled 14
viajan they are traveling 14
viajando traveling 14
viaje trip 11
vida life 8
vieja old 18

viene comes, come, you come 1
  el año que viene next year 9
  viene a jugar comes to play 1
vienen come, they come 6
viernes Friday 15
  los viernes on Fridays 15
viniendo coming 13
visita visit 15
visitan visit, they visit 15
visitar to visit 5
visitarla to visit it 15
vive lives 2
viven live 6
voces voices 14
volar to fly, flying 7
voy I go, I will go, I am going 11
  no voy a hacer eso I won't do that 17
voz voice 10
vuelan fly 7
vuelta turn 13
vuelve returns 18
  vuelve a aparecer appears again 18
vuelvo return, I return 7

Y

y and 1
ya already 1
  ya no no longer 2
  ya para just about (to) 14
yo 13

Answer Key

Cuento 1
1. c
2. a
3. a
4. b
5. F
6. T
7. F
8. T
9. F
10. T
11. F
12. corre
13. cama
14. corre
15. pelota

Cuento 2
1. b
2. d
3. b
4. c
5. T
6. T
7. F
8. T
9. F
10. F
11. T
12. vive
13. pobre
14. se
15. se

Cuento 3
1. b
2. b
3. d
4. b
5. F
6. T
7. F
8. T
9. T
10. T
11. F
12. diez
13. niños
14. español
15. hasta luego

Cuento 4
1. c
2. a
3. b
4. c
5. T
6. T
7. T
8. F
9. T
10. F
11. F
12. permanentes
13. mejor
14. motor
15. están

Cuento 5
1. c
2. a
3. d
4. d
5. T
6. F
7. F
8. T
9. T
10. F
11. F
12. quieren
13. dulces
14. camión
15. parte

Cuento 6
1. a
2. d
3. d
4. c
5. F
6. T
7. T
8. F
9. T
10. T
11. T
12. cómodos
13. los niños
14. olvidan
15. les pegan

Cuento 7
1. b
2. d
3. a
4. c
5. T
6. F
7. F
8. F
9. T
10. F
11. T
12. que
13. de
14. a
15. afuera

Cuento 8
1. b
2. b
3. c
4. d
5. T
6. F
7. F
8. T
9. T
10. F
11. F
12. va
13. vas
14. se pone
15. le gusta

Cuento 9
1. b
2. d
3. a
4. b
5. T
6. T
7. T
8. T
9. F
10. F
11. T
12. cuesta
13. si, como
14. me
15. a a

Cuento 10
1. d
2. a
3. b
4. a
5. T
6. T
7. F
8. T
9. F
10. T
11. T
12. los
13. deja de
14. canta
15. humilde

Cuento 11
1. c
2. d
3. c
4. c
5. F
6. T
7. F
8. T
9. F
10. T
11. T
12. se se
13. le le
14. peligrosos
15. por

Cuento 12
1. c
2. d
3. a
4. d
5. F
6. T
7. F
8. F
9. T
10. F
11. T
12. armazón
13. sí mismas
14. razón
15. defecto

Cuento 13
1. a
2. b
3. d
4. a
5. F
6. T
7. T
8. F
9. T
10. F
11. T
12. en y
13. a accidente
14. hacia a
15. para

Cuento 14
1. b
2. c
3. d
4. b
5. T
6. T
7. T
8. T
9. F
10. F
11. T
12. en dormir
13. escogen
14. por la mañana
15. los

Cuento 15
1. b
2. a
3. b
4. d
5. F
6. T
7. T
8. F
9. T
10. T
11. F
12. universidad
13. van
14. mercado
15. tienen

Cuento 16
1. b
2. b
3. d
4. d
5. T
6. T
7. F
8. T
9. F
10. T
11. F
12. ver a
13. choca
14. palabra
15. se cae

Cuento 17
1. d
2. b
3. d
4. a
5. T
6. T
7. F
8. F
9. T
10. F
11. T
12. frente a
13. saca
14. echarla
15. primero

Cuento 18
1. c
2. d
3. c
4. c
5. F
6. T
7. F
8. T
9. T
10. F
11. F
12. asomamos
13. montón de leña
14. uno por uno
15. quedarse